SHODENSHA
SHINSHO

信濃が語る古代氏族と天皇

――善光寺と諏訪大社の謎

関 裕二

JN171121

祥伝社新書

はじめに

かねてから、古代史の謎を解く最後の鍵は、信濃《しなの》の善光寺《ぜんこうじ》と諏訪大社《すわたいしゃ》が握っているのではないかと、勘《かん》ぐってきた。

これまでの古代史の論議といえば、西日本を中心に回り、「東」はほとんど無視されてきた。「邪馬台国《やまたいこく》」論争なら、北部九州かヤマトかであり、ヤマト建国をめぐるあれこれも、西日本の争乱と共存という視点から語られてきたにすぎない。たとえ、ヤマト建国の地である纏向《まきむく》に東側から大量の土器が流れこんでいたことが明らかになっても、「労働力として狩りだされたのだろう」と、素《そ》っ気《け》なくあつかわれてきたのだ。

それだけならまだしも、五世紀後半以降の関東地方は、日本で有数の巨大前方後円墳密集地帯となっていた。にもかかわらず、東日本の政治力について、ほとんど関心が示されなかった。

そして、西日本から関東に抜ける重要な交通ルートのひとつが、信濃経由だったこと、信濃の地も関東同様、ヤマト政権に重視されていたことは、ほとんど言及されてこなかった。また、七世紀後半の天武天皇《てんむ》が、信濃を重視し、ここに「副都《ふくと》」の造営を目論《もくろ》んでいたことも、おおかたの関心を集めていない。

しかし、古代の信濃は、先見性のある古代氏族や天皇たちが注目するフロンティアだった。本書は、その事実をひとつずつ明らかにすることで、日本古代史の全体を見直し、正史《せいし》『日本書紀《にほんしょき》』によって植えつけられた史観を修正しようというものである。

信濃に進出した古代氏族は、物部《もののべ》氏と蘇我《そが》氏、安曇《あづみ》氏、多《おお》氏、秦《はた》氏らであった。彼らはみな八世紀以降に没落していくから、のちの政権が、彼らの事蹟《じせき》といっしょに、信濃や関東の歴史を封印《ふういん》してしまったのではないかと思えてくる。史学者がその古代史に関心を示さないのは、「正史」の歴史隠滅《いんめつ》の工作に気づいていないからではあるまいか。

信濃には、古代の断片が残っている。この地に先祖代々暮らす人たちは、「ここに宝の山が眠っているのに」と、臍《ほぞ》をかんでいるように思えてならない。

ただし、諏訪の人たちは、「この地の本当の歴史を知ってほしい」と熱烈にアピールしておきながら、核心に迫ろうとすると、「よそ者にはすべては教えられない」というふうに、妙なところで、かたくなな態度に豹変《ひょうへん》するのだ。また、諏訪湖を挟《はさ》んで南北の「上諏訪」と「下諏訪」の地域は、おたがいをライバル視している。上諏訪の人たちは、下諏訪の人たちを「ヤマトのまわし者」とみなしている。

御柱祭《みはしらさい》（おんばしら）ともなれば、諏訪一帯をあげての盛大な祭事になるから、「一致団結している」ように、まわりからは見えてしまう。しかし、あの祭の熱狂も、けっして折りあうことのない二つの地域の「意地の張りあい」だからこそ、命を賭《か》けているのではないだろうか。

折りあえない理由を地元の人に聞けば、神話の世界まで行き着いてしまうのだという。

なぜ信濃が、謎めいているのか。それは、隠さねばならぬ歴史があったからであり、暴《あば》かねばならぬ歴史が埋《う》もれているからだろう。しかし、このなかにこそ、本当の日本の歴史が眠っているように思われてならない。

平成二十七年四月　長野善光寺の秘仏本尊御開帳《ひぶつほんぞんごかいちょう》を記念して

関《せき》　裕二《ゆうじ》

信濃が語る古代氏族と天皇――目次

序章　信濃に逃げる神と人

タケミナカタが結ぶ二つの聖地

信濃《しなの》を代表する聖地といえば、誰もが、善光寺《ぜんこうじ》（長野県長野市）と諏訪大社《すわたいしゃ》（長野県諏訪市、茅野《ちの》市、下諏訪町）をすぐに思い浮かべるだろう。

この二つの聖地は、別々の地域に存在し、仏教と神道という異なる信仰に支えられているが、重要な共通点がひとつある。それは、「出雲神《いずものかみ》」である「タケミナカタ（建御名方神）」と関わっていたということなのだ。

タケミナカタは、「出雲の国譲《くにゆず》り神話」のなかで最後まで抵抗した神として知られるが、じつは『日本書紀』には登場しない。もう一方の『古事記《こじき》』には、次のような神話が残されている。

タカミムスヒ（高御産巣日神）とアマテラス（天照大神）が葦原中国《あしはらのなかつくに》に遣《つか》わしたタケミカヅチ（建御雷神）は、出雲のオオクニヌシ（大国主神）に国譲りを迫る。すると大国主神は、

「私からはいえない。子のコトシロヌシ（八重《やえ》事代主神）に聞いてほしい」

という。そこで御大《みほ》の御前《みさき》（島根半島東端の美保《みほ》岬）にコトシロヌシを訪ねると、かしこまって、この国を天津神《あまつかみ》の御子《みこ》に奉《たてまつ》ると答え、船を踏《ふ》み傾《かたむ》け、天逆手《あまのさかて》を打って、青々とした柴垣《ふしがき》に変えると、そのなかに消えていった。

ふたたびオオクニヌシのもとを訪れ聞けば、あとひとり子がいるという。それがタケミナカタだった。

タケミナカタは、千引《ちび》きの石（巨大な岩）を手で差しあげながらやってきた。

「誰だ、わが国にやってきてこそこそ話しているのは。それならば、力比べをしようではないか。われが、そちらの手をとろうと思う」

そこでタケミカヅチが手をとらすと、氷の柱となり、剣《つるぎ》の刃《は》となった。タケミナカタは恐れて後ずさりした。タケミカヅチは、その手をとろうと招き、たやすく投げ飛ばしてしまった。

タケミナカタは逃げだし、科野《しなの》国（律令制度が整って信濃国に変わる）の州羽海《すわのうみ》（諏訪湖）まで追いつめられた。タケミカヅチが殺そうとすると、タケミナカタは命乞《ご》いをした。

「恐れ多いことです。私を殺さないでください。ここからよそには行きません。父オオクニヌシの命にも従います。コトシロヌシの約束にも背《そむ》きません。この葦原中国は、天津神の御子の仰《おお》せのままに献上いたします」

こののち、タケミカヅチはオオクニヌシから、国譲りの約定をとりつけたのだった。

ちなみに、旧暦十月を神無月《かんなづき》と呼んでいたのは、全国の神が地元を離れて出雲に集まったからだが、諏訪の地には神無月がなかった。それは、諏訪の神であるタケミナカタが、出雲神でありながら、出雲を追われた身であり、諏訪から一歩も外に出ないからだという。

この伝承ひとつだけでも、諏訪の特殊性がうかがい知れるだろう。

タケミナカタは、諏訪大社のみならず、善光寺ともおおいに関わってくる。それを明らかにするのは、これまで無視されてきた伝承である。

善光寺境内で祀《まつ》られていたタケミナカタ

一般には、タケミナカタの説話など、信じるに足らぬと捨ておかれている。そういった話は、あとから付け足したのだとする説もある。その一方で、神社伝承をもとに、邪馬台国《やまたいこく》やヤマト建国は再現できるのではないかと考え、タケミナカタの足跡をたどった人物がいる。それが原田常治《はらだつねじ》である。

不思議なことに、タケミナカタの逃亡ルートが、一本の線でつながってくると、原田常治はいう。出雲から日本海を進み、北から南へ信濃川（新潟県内が信濃川で、長野県内に入ると千曲川《ちくまがわ》に名を変える）を遡上《そじょう》するルートが存在するというのである。素直に、彼の語るタケミナカタの足跡を追ってみよう。

まず、能登《のと》半島の西側のつけ根、羽咋《はくい》市の南のほうに、志乎《しお》神社（石川県宝達志水町《ほうだつしみずちょう》）がある。主祭神はスサノヲだが、タケミナカタが配祀《はいし》されている。そして、ここの神も十月に出雲に行かないと伝えられている。

能登半島を越えると、さらに日本海に沿って北上したとみられ、新潟県長岡《ながおか》市の平潟《ひらかた》神社にタケミナカタ（健御名方富命《たけみなかたとみのみこと》）が祀《まつ》られている。

このあたりから内陸に向かい、信濃川をさかのぼっていったようだ。長野県飯山《いいやま》市に健御名方富命彦神別《たけみなかたとみのみことひこかみわけ》神社があって、「お諏訪さん」と親しまれている。古くは湖水があって、そのほとりに鎮座《ちんざ》していたという。

ちなみに、「タケミナカタトミノミコトヒコカミワケ（健御名方富命彦神別）」はタケミナカタの子とする説があり、また、「タケミナカタトミ（タケミナカタのこと）」の子が「ヒコカミワケ（彦神別尊）」とする説もあって、はっきりとはわからない。いずれにせよ、そこにタケミナカタの信仰があるということだ。

原田常治は触れていないが、長野県須坂《すざか》市には墨坂《すみさか》神社があり、主祭神は「墨坂大神」だが、相殿《あいどの》でタケミナカタが祀られる。

そして、長野市にも健御名方富命彦神別神社が鎮座する。これは『延喜式《えんぎしき》』の神名帳《じんみょうちょう》にも載《の》る「式内社《しきないしゃ》」、しかも格の高い「名神大社《みょうじんたいしゃ》」であったが、現在は候補がいくつかあって、定まっていない。

善光寺のすぐ東の「城山」にある健御名方富命彦神別神社は、その有力な候補だが、いまの神社は明治時代になってから、神仏分離により善光寺の境内にあった年神堂《としがみどう》の祭神を遷《うつ》したものである。この神は、中世より諏訪大社の分神であるとされていた。つまり、タケミナカタは、善光寺の境内で祀られていたわけである。

信濃の史跡。矢印は、タケミナカタ伝承の地をたどったもの

ところで、長野市の微高地《びこうち》に善光寺は建てられているが、ここは古来「水内郡《みぬちのこおり》」の中心地であった。すると、もともとこの地には、健御名方富命彦神別神社があって、そこにあとから善光寺が建てられたのではないかと考えられる。しかし、健御名方富命彦神別神社はどんどん隅《すみ》に追いやられていき、いまの場所におさまった。

ちなみに原田常治は、「城山」に健御名方富命彦神別神社が祀られていることを重視している。「ここがタケミナカタの城の跡だったという記録」（ただし出所は不明）を持ちだして、タケミナカタが再起を試みて敗《やぶ》れた地と推理している。

『日本書紀』には、持統《じとう》五年（六九一）八月二十三日条に、「使者を遣わして龍田風神《たつたのかぜのかみ》、信濃の須波《すわ》、水内《みぬち》などの神を祀らせた」とある。

「龍田風神」は、いまの龍田大社《たつたたいしゃ》（奈良県生駒《いこま》郡三郷《さんごう》町）で、天武四年（六七五）四月に、天武天皇が風神を龍田の立野《たつの》に祀ったとある。在原業平《ありわらのなりひら》の「千早《ちはや》ぶる　神代《かみよ》もきかず龍田川」の歌を思い浮かべた人も多いだろう。

そして、須波は諏訪大社で、水内が健御名方富命彦神別神社をさしている。信濃の二社が、ヤマトの大社と同格にあつかわれているのである。『延喜式』では、信濃国の式

長野市内を見下ろす城山に鎮座する健御名方富命彦神別神社

善光寺の年神堂の建物は、明治時代に市内の守田廼（もりたの）神社に移築され、本殿として使われている。屋根の構成が美しい

内社にもなっているから、すでに七世紀には、信濃のタケミナカタが、中央に名を馳《は》せていたことがわかる。

逃げていくタケミナカタの伝承

もうひとつ、長野市街には重要な神社がある。長野県庁のそばに鎮座する式内社の妻《つま》科《しな》神社（長野市南長野）だ。

妻科神社の主祭神はヤサカトメ（八坂刀売命）で、健御名方富命彦神別神社の「后《きさき》」だという。この神社のすぐ近くから掘りだされた県町《あがたまち》遺跡（ホテル国際21のあるあたり）は、古墳時代後半から奈良時代にかけて集落があった場所で、土師器《はじき》や須恵器《すえき》が大量に出土した。庶民の集落ではなく、政治的性格の強い集落である。

そして、どうやらタケミナカタは、拠点を築いた長野市近辺から追われ、さらに内陸部に進んでいったようだ。

千曲川をさかのぼっていくと、上田《うえだ》市に入る。ここから別所《べっしょ》温泉に向かって上田電鉄別所線が出ている。たいへん旅情のあるところだが、その途中に式内社生島足島《いくしまたるしま》神社

妻科神社には、住宅街のなかにあるのが信じられないほど豊かな森が残されている

神社の西方には、旭山の三角形の山容が望める

（長野県上田市）が鎮座する。

ここの祭神はタケミナカタではないが、いくつか伝承が残されている。タケミナカタがこの地に逃げてきたとき、米粥《こめがゆ》を炊《た》いて献上した。これが神事となり、御籠祭《おこもりさい》になったという。また、神社の内陣に床がなく土間《どま》なのは、タケミナカタが座って粥を食べたからだという。逃げる神のものわびしさが伝わってくるようではないか。

上田市方面から武石《たけし》峠を越えると、松本《まつもと》市に出る。たいへんな山道だが、タケミナカタはここを通った。そして松本から南下し、長野県塩尻《しおじり》市北小野《きたおの》に足跡を残す。この地に鎮座する小野《おの》神社には、いまもタケミナカタが祀られている。

また、小野神社と隣接する矢彦《やひこ》神社（上伊那《かみいな》郡辰野《たつの》町）は、タケミナカタの父とされるコトシロヌシを祀っている。そしてタケミナカタがコトシロヌシとともに逃げてきた、という伝承を残す。

小野・矢彦両社は、信濃国の二宮《にのみや》である。一宮《いちのみや》は諏訪大社であるから、「信濃の神社といえば、タケミナカタ」ということになっていたのであろう。

小野の地はちょうど諏訪湖の真西にあたる地点で、タケミナカタはここから諏訪に入ろうとしたようだ。しかし、諏訪先住の神である洩矢神《もりやのかみ》に邪魔をされたため、交通の要《よう》衝《しょう》であるこの地にしばらく滞在し、一帯を統治した。

このあいだ、洩矢神に打ち勝つために、鍛錬《たんれん》を怠《おこた》らなかったという。これが、「小野神社ねんじり棒祭」という祭事となって、いまに伝わっている。洩矢神は、諏訪大社の神長家《じんちょうけ》・守矢《もりや》氏の祖神である。

このように、タケミナカタを祀る神社と伝承が、日本海→信濃川→飯山→長野→上田→武石峠→松本→塩尻→諏訪と続いていたことがわかる。

タケミナカタの伝承は、逃げる話ばかりではない。松本市の北側、豊科《とよしな》町、穂高《ほたか》町にあたる地は太古、細長い湖だった。その湖水を川に流し、干拓して水田に変えたのがタケミナカタだったと伝わってもいるのだ。この「開拓神」としてのタケミナカタの伝承は、長野県のほうぼうで語り継がれている。

謎の多いタケミナカタ

タケミナカタが実在したかどうかは、ここでは深く考えないことにする。しかし、

「神鉾（おぼこ）社」は、小野神社の社域においてとくに重要な場所だろう

苔むした丸い石が「おぼこさま」である。神の依代となる鉾を立てたと考えられている

諏訪に入る前のタケミナカタが滞在したという小野神社

小野神社の拝殿と背後の森

矢彦神社の拝殿には、みごとな彫刻がほどこされている

小野神社の南に隣接する矢彦神社の豪壮な神楽殿

文字どおり「隣接」する小野神社と矢彦神社の敷地をへだてる細い水路。両社の境界には塀も玉垣もなく、「社地境界標」と刻まれた石標だけがある

「神話のタケミナカタなど、実在しないのだから無視してもかまわない」という発想には、たやすく与《くみ》することはできない。

大切なのは、「タケミナカタ信仰」というべきものが、たしかに存在したということだろう。日本海から信濃川を上って諏訪に抜けるルート上に、点々とその名を残している。そして、持統《じとう》天皇の時代に「信濃の諏訪と水内の神」が尊《とうと》ばれ、それがタケミナカタを祀る神社という共通点で結ばれていく。

なぜ、タケミナカタ信仰が、きれいに信濃川に沿って展開されたのか。なぜ、古代信濃の政治と信仰の要衝であったろう善光寺平《だいら》周辺にも、タケミナカタが祀られているのか。その理由を知りたくなるところだ。

原田常治は、タケミナカタを負かしたフツヌシ（経津主神）やタケミカヅチが長野県や新潟県で祀られていないことを重視して、

「神武天皇が大和朝廷を確立した後でも、この信濃だけはそっとして手をつけていない。まるで独立国のような立場になっていた」（『古代日本正史』）

と指摘している。

なるほど、伝承の上では神話のタケミナカタが強く残っている。けれども、それだけで歴史を解明することはできない。それほど単純ではない。

もっともタケミナカタは、信濃の歴史を象徴している存在だったのだろう。だからこそ、広く親しまれているのだと思う。それと同時に、この地には中央での勢力争いに敗れ、零落《れいらく》した貴族の多くが、逃れてきていた。タケミナカタとは、彼ら敗れた者どもをモデルにして創作された神だったのではなかろうか。

ただそれにしても、原型はあるはずだ。それはどこから来たのか。タケミナカタの原型をさぐることが、本書のテーマのひとつでもある。

出雲と伊勢

出雲の国譲りなど、おとぎ話にすぎない——そう、かつては信じられていた。ところが、ここ三〇年ほどで遅れていた山陰地方の開発と道路整備が進み、発掘調査が相次ぐと、考古学のかつての「常識」は次々と覆《くつがえ》されていった。

弥生《やよい》時代後期からヤマト建国直後まで、出雲は強大な勢力を誇り、出雲で巨大化した四隅突出型墳丘墓《よすみとつしゅつがたふんきゅうぼ》という独自の埋葬文化が、日本海を伝って越《こし》（北陸地方と新潟県）にまで伝播《でんぱ》していたこともわかってきた。

ただし、より近い「タニハ」の地域（古代の丹波《たんば》国で、京都府の中・北部、兵庫県北部などを含んでいた）は、出雲の勢力圏に組みこまれず、四隅突出型墳丘墓も採用していない。つまり、出雲は越前《えちぜん》とつながり、丹波はその先の地域と手を組んで、「たすき掛け」のようになって複雑な主導権争いを演じていたのだ。

それだけではない。ヤマト建国に出雲が参画していたこと、ヤマト建国のあと、なぜか出雲が衰退してしまったこともわかってきた。

そうなると、出雲の国譲りがまったくの作り話とはいえなくなってきたのだ。だから、タケミナカタ伝説も、無視できないのである。

ここで注目しておきたいのは、タケミナカタとは別に「出雲神が信濃に逃れた」という伝承が残されていることである。

それは、「伊勢国風土記逸文《いせのくにのふどきいつぶん》」のなかにある「イセツヒコ」の話だが、違った話が二つ残されている。いずれも、「伊勢」の地名由来説話になっている（逸文は、ほうぼうから断片的な記事を拾い集めたものなので、「イセツヒコ」の表記も異なっている）。

そのむかし、出雲の神の子であるイヅモタケコ（出雲建子命）が、「石」を使って城を築《きず》き、鎮座していた。ここに、ほかの神がやってきて奪おうとしたが、果たせずに帰っていった。そこで、この地を「伊勢」と呼ぶようになったのだという。

つまり「イシ」が「イセ」になった。イヅモタケコには、イセツヒコ（伊勢都彦命）とクシタマ（櫛玉命）の別名があったとも書いてある。イセツヒコが出雲神であることがわかった。これが、ひとつめのイセツヒコの話である。

もうひとつのイセツヒコの話は、少し長く、物語の体裁がとられている。

神武天皇が東征してヤマトに向かったとき、アメノミナカヌシ（天御中主尊）の十二世の孫であるアメノヒワケ（天日別命、度会《わたらい》氏の祖。度会氏はその後、伊勢神宮外宮《げくう》の祀官《しかん》をつとめた氏族）に、

「空のかなたに国がある。その国を平定してきなさい」

と命じた。そこでアメノヒワケは東に向かった。すると、ある集落にイセツヒコ（伊勢津彦）なる男がいた。アメノヒワケがイセツヒコに向かって、

「あなたの国を天孫に献上しなさい」

と命じると、イセツヒコは、

「私はこの地に住んで久しい。命令には従えません」

と拒絶した。そこでアメノヒワケは、兵を起こしイセツヒコを殺そうとした。するとイセツヒコはかしこまって、

「私の国はすべて天孫に献上いたしましょう。私は出て行きます」

アメノヒワケが、

「あなたが出ていった証《あかし》は何にする？」

と聞くと、イセツヒコは、次のように述べた。

「私は今夜、海を吹きわたる大風を起こして、その波に乗り、東の方角に向かいましょう。これが、私の去るときの証です」

アメノヒワケが兵を整えて様子を見ていると、はたして四方に大風が起こり、波を打ちあげた。照り輝くこと太陽のようであたりは明るく、そのなかをイセツヒコは波に乗って東に向かった。

古い言葉に、「神風《かむかぜ》の伊勢の国、常世《とこよ》の浪寄《なみよ》する国」というのは、このことをさしている。天皇はアメノヒワケの活躍をいたく喜び、「国はよろしく国神《くにつかみ》（イセツヒコ）の名をとりて、伊勢となづけよ」と命じた。

イセツヒコの正体

二つ目の説話はこのあと、アメノヒワケが褒美《ほうび》の土地を賜《たまわ》ったという話で結ばれるが、イセツヒコのその後はどうなったのか。興味深い「補注《ほちゅう》」が、おそらく中世になって加えられている。

「伊勢津彦（イセツヒコ）の神は、近く信濃《しなの》の国に住《す》ましむ」

このイセツヒコ、出雲の国譲りのタケミナカタの境遇と、あまりにもよく似ているうえに、最後はタケミナカタと同じく信濃に住まわされたのだという。

イセツヒコは、播磨《はりま》にも出現していた。『播磨国風土記』揖保郡《いいぼのこおり》伊勢野《いせの》（兵庫県姫路市《ひめじ》林田町《はやしだ》）の段には、次のようなイセツヒコをめぐる説話が載る。

この地に移住者があると、必ず安らかには暮らせなかった。ところが、衣縫《きぬぬい》の猪手《いて》や漢人《あやひと》の刀良《とら》といった者たちの祖先がここにやってきて、社を山のふもとに建てて神を祀ってみると、様子が変わった。山の峰にいる神は、伊和《いわ》の大神《おおかみ》の子、イセツヒコとイセツヒメ（伊勢都比売命）である。このときから、この地は平穏《へいおん》な場所となり、人が集まって村となった。そこで、この地を「伊勢」と名づけた。

移住者が定住するのを妨害しているのは、おそらく先住の神による祟《たた》りだと思われる。これをイセツヒコが鎮《しず》めたのだろう。「伊和《いわ》の大神《おおかみ》」とあるのは、播磨国一宮の伊和神社（兵庫県宍粟市《しそう》）で祀られる神と同じ、オオナムチ（大己貴命）、つまりオオクニヌシである。すると、イセツヒコは、オオクニヌシの子ということになる。

また、『先代旧事本紀《せんだいくじほんぎ》』の「国造本紀《こくぞう》」によると、出雲臣《おみ》の祖のアメノホヒ（天穂日命）の孫、イヅモタケコ（出雲建子命）は、またの名をイセツヒコ（伊勢都彦）とある。

やはり、イセツヒコと出雲はつながっているようだ。ところが、この出雲神は伊勢にやってきて、ここで出雲の国譲りとそっくりな屈辱を味わい、信濃に追いやられたのである。これはいったい何を意味しているのだろう。

信濃に来た海の民

信濃に流れてきたのは、タケミナカタやイセツヒコだけではない。北部九州から、日本を代表する海の民がやってきている。

長野県安曇野《あづみの》市に鎮座する穂高《ほたか》神社は、古代の海洋氏族である安曇《あづみ》氏が祀ってきた神社である。安曇氏が住んだから、安曇野となった。この神社の祭神は、ホタカミ（穂高見神）、ワタツミ（綿津見神）、ニニギ（瓊瓊杵神）だ。

『古事記』には、ワタツミの末裔が安曇氏とある。また『新撰姓氏録《しんせんしょうじろく》』には、安曇氏について「海神綿積豊玉彦《わたつみとよたまひこの》神子《みこ》、穂高見命之後也《のあとなり》」とある。これに従えば、穂高神社で祀られる祭神の関係は、ホタカミの父がワタツミということになる。

ワタツミといえば、住吉三神《すみよしさんじん》（ソコツツノオ・ナカツツノオ・ウワツツノオ）、宗像《むなかた》三神（タギリヒメ・タギツヒメ・イチキシマヒメ）と並ぶ、日本を代表する海の神である。

『日本書紀』応神《おうじん》三年十一月条に、「ほうぼうの海人《あま》が騒動を起こし従わなかったので、阿曇連《あずみむらじ》の祖である大浜宿禰《おおはますくね》を遣わし鎮めさせた」とある。この功績が認められ、大浜宿禰は「海人の宰《みこともち》（海人族全体を管掌《かんしょう》する役）」に任じられたという。

穂高神社では、毎年九月二十七日（かつては旧暦の七月二十七日）、御船《みふね》（風流船鉾《ふうりゅうふなぼこ》）を用いた祭がとりおこなわれる。大人船二艘《そう》、子供船三艘が町を練《ね》り、大人船は祭神に捧《ささ》げるとき、激しくぶつけ合う。これが祭のクライマックスだが、内陸部の穂高神社で、船を主役にした祭があることに驚かされる。

なぜ、海の民が信濃にまで「遡上《そじょう》」してきたのだろう。しかも彼らは、北部九州を拠点にしていたのだ。ここに大きな謎がある。

安曇氏が祀った穂高神社の社頭

鳥居をくぐると、右手にケヤキの巨木を囲む社殿群がある。もっとも大きな屋根が若宮社で、白村江の戦で戦死したとされる阿曇比羅夫（ひらふ）を祀ったもの

大神神社《おおみわ》の神宝《かんだから》もやってきた

神や人だけではなく、大切な「物」もやってきた。たとえば大神神社《おおみわ》（奈良県桜井市《さくらい》）の神宝《かんだから》も、なぜか信濃にやってきたというのだ。

長野市内に「三輪《みわ》」という町名があって、ここに式内社の美和《みわ》神社が祀られる。祭神は、ヤマトの大神神社と同じオオモノヌシ（大物主神）である。

その伝承によれば、このオオモノヌシは、健御名方富命彦神別神社の祭神「水内神《みぬちのかみ》」の父だという。ちなみに水内神は、諏訪の神、すなわちタケミナカタとされている。タケミナカタの父（あるいは祖父）は、オオクニヌシであり、オオモノヌシはオオクニヌシの幸魂《さきみたま》なのだから、この伝承はけっして強引な付会《ふかい》ではない。

『日本三代実録《さんだいじつろく》』によれば、貞観《じょうがん》八年（八六六）二月の記事に、「信濃国水内郡の三和《みわ》の神に忿怒《ふんぬ》の心があり、奉幣《ほうへい》し般若心経《はんにゃしんぎょう》を転読《てんどく》し、謝《しゃ》した」とある。「三和」というのは、三輪、美和のことだろう。

また、『善光寺縁起《えんぎ》』には、ヤマトの三輪出身の三輪時丸《ときまる》なる者が善光寺に参詣し、そのまま当地にとどまったために、いまも残る三輪の地名が起こったとある。

長野の美和神社は、本家の大神神社と同じ三ツ鳥居である。

時丸寺の外観

美和神社の伝承によると、三輪時丸はこのとき、大神神社のご神体を持ってきて、長野のこの神社に奉納してしまったそうだ。そのため、本家の大神神社にはそれ以来、ご神体がないのだという。

美和神社の近くに時丸寺があって、三輪時丸の伝承を伝える。

十世紀なかばごろ、三輪時丸は裕福な家庭に生まれたが、いたずら好きがわざわいし、若くして亡くなってしまった。親よりも先に死んだために地獄に落ちてしまう。ところが、足の裏の善光寺の御印文《ごいんもん》が光ったので、驚いた閻魔《えんま》が、「お前は善光寺に参詣したことがあるのか」と問いただした。三輪時丸は、懐妊中の母が善光寺で安産祈願をしていたと答え、その結果、三輪時丸は娑婆《しゃば》に戻された。

もちろん、善光寺が布教活動をする過程で、このような説話が生まれたのだろう。それにしてもなぜ、ヤマトの大神神社の神宝が信濃に遷《うつ》され、祀られたと語られてきたのだろうか。

善光寺は、なぜかヤマトといくつもの接点を持っている。たとえば、『善光寺縁起』のなかで、皇極《こうぎよく》天皇が地獄に堕《お》ちて、善光寺の如来《にょらい》に助けられたという話がある。これについては第四章で考えるが、いったいなぜ、七世紀の女帝が、善光寺とからんでくるのだろう。『日本書紀』のどこを探しても、両者を結びつける要素は見当たらない。

ただ、考えてみれば、善光寺のご本尊も、難波《なにわ》の堀江《ほりえ》から信濃にやってきたのだし、その仏像は、物部《もののべ》氏と蘇我《そが》氏の仏教導入をめぐるいさかいによって、捨てられたものだったとされている。捨てられ零落した仏像が信濃にやってきたというのなら、政争に敗れた貴種が信濃に落ちのびたという話とも似ていたことに気づかされる。信濃のイメージが、中央の主導権争いと、どこかで結びついている。

善光寺と物部守屋《もののべのもりや》

そして、善光寺には、六世紀を代表する人物、物部守屋《もののべのもりや》の影がちらついている。

善光寺本堂のふだんは参詣客には見えない内々陣《ないないじん》に、「守屋柱《もりやはしら》」なる柱がある。善光寺本堂の柱は丸柱だが、これだけが角柱なのである。この「守屋」は、蘇我馬子《そがのうまこ》に討ちとられた物部守屋の「守屋」であり、柱の下にはその首が埋まっているというのだ。

ずいぶんおどろおどろしい話であるが、この伝承が古くからのものであるなら、それは物部守屋の鎮魂《ちんこん》を目的にしていたにちがいない。なぜ、信濃とは縁もゆかりもないはずの物部守屋が、善光寺で密《ひそ》かに祀られているのだろう。

それだけではない。諏訪大社の上社《かみしゃ》の神体山《しんたいさん》を「守屋山《もりやさん》」と呼ぶが、これも物部守屋と関わりがあるとする説がある。もともとは諏訪土着の神である洩矢神の「洩矢山」が本来の姿だろうが、物部守屋の話がいつのまにか習合《しゅうごう》してしまったらしいのだ。

善光寺と諏訪大社と物部氏が、奇妙な糸でつながっている。物部氏は八世紀の初頭に没落したが、零落し、彼らもまた信濃に逃れてきたということなのだろうか。

なぜ、零落した神々や高貴な人たちは、信濃に逃げてきたのだろう。その秘密を解き明かさねばならない。古代史の謎を解き明かすための、最後の鍵を、さぐり当てねばならない。

第一章　善光寺秘仏と物部氏

独特の匂い

信濃を代表する二つの霊場――善光寺と諏訪大社には、独特な匂いがある。どの本を読んでも、「謎が多い」とか、「よくわかっていない」などと紹介されている。ほかのお寺や神社とは、どこかが違う。

地域と密着し、周辺の人たちの熱烈な信仰を集め、それでいて、「正統な」仏教や神道の世界からは逸脱《いつだつ》した、個性ある信仰の形態をかたくなに守りつづけてきた場所のように思える。

実際に訪れてみて、そのことが強く感じられるのだ。土地の匂いといってもよいかもしれない。ちなみに筆者は、奈良大和路と同じくらい、この信濃路が好きである。その独特の匂いに引き寄せられているのだろう。独特な匂いがあるということは、ここに特別な何かが存在しているのにちがいない。

諏訪大社の祭祀には、縄文時代にも通じる「太古の信仰」がいまも感じられる。また善光寺では、中世にわき起こった「民衆の民衆による信仰」の息吹《いぶき》を感じとることができる。いずれも、学者らの語るような、教科書にあるような仏教や神道とは異なっている。もっと猥雑《わいざつ》で、それこそ「世俗の匂い」を感じるのである。これが本来の「神仏霊場」のあるべき姿だろう。

だから、善光寺や諏訪大社を訪ねるときには、われわれのなかにある「宗教」に対する決めつけは捨てたほうがよい。杓子定規《しゃくしじょうぎ》な「仏教」や「神道」という枠のなかに当てはめようとすれば、真相も見えてこない。

「信濃国には有名な霊場がない」といった修行僧

善光寺の歴史は古い。「仏教公伝《こうでん》」の六世紀なかばから、それほど時をへず、すでに七世紀には伽藍《がらん》が完成していたようだ。また、平安時代末から先、日本全国に多くの信者を獲得していた。いかに信心のない現代人でも、「牛に引かれて善光寺まいり」という言葉ならご存じだろう。

善光寺の本尊である「一光三尊《いっこうさんぞん》」は絶対秘仏とされてきた。誰も見ることはできないし、いままで見た人もいない。

七年に一度ご開帳《かいちょう》になり、本堂瑠璃壇《るりだん》に安置されるのは、その身代わりの「前立本《まえだち》尊」である。通常は宝蔵《ほうぞう》に保管されているが、ご開帳ごとに運ばれてくる。

これは「開帳仏」とも呼ばれ、中尊阿弥陀如来《あみだにょらい》の高さは四二・四センチ、両脇侍《わきじ》のうち、観音菩薩《かんのんぼさつ》は三〇・五センチ、勢至《せいし》菩薩は三〇・二センチで、大きくはない。鎌倉中期以降の作というから、それほど古いものでもない。絶対秘仏の本尊を見た人がいない以上、前立本尊がそれと似ているのかどうかは、知りようもない。

いずれにせよ、この「生身弥陀《しょうじんのみだ》（生身《なまみ》のあみださま）」への信仰ゆえ、人々は全国各地から如来堂（金堂《こんどう》）に集まってきたのである。

もともと善光寺周辺の土地、いわゆる善光寺平は、信濃の中心だった。古代より渡来人もおおぜい移住しており、古墳も一三〇〇基を超え、農耕牧畜が盛《さか》んな土地だった。信濃国にある式内社四一のうち、三一社が、善光寺周辺に集まっていた。

ただそうはいっても、はじめから天下に名を馳《は》せるような大寺だったわけではない。十世紀前半の段階では、信濃国の土地の民にも、その名は知れわたっていなかったと思われるふしがある。

『宇治拾遺物語《うじしゅういものがたり》』の「信濃国聖《ひじり》の事」の条に、興味深い話が載《の》っている。

七年に一度の前立本尊ご開帳でにぎわう善光寺本堂前。正面に見えるのは仁王門

城山から眺めた善光寺の全景。横から見ると、本堂の深い奥行きがわかる

信濃国出身の命蓮聖《みょうれんひじり》（実在の人物）は奈良の東大寺《とうだいじ》で受戒《じゅかい》を終えた。しかし「もとの国（信濃）に帰ろうと思ったが、有名な霊場がない」といって、信貴山《しぎさん》（奈良県生駒郡）で修行を始めたというのだ。

命蓮聖の視界に善光寺はなかったことになる。

善光寺が隆盛を誇るのは、平安時代のなかばを過ぎてからだ。平安時代末には、関白《かんぱく》藤原忠通《ふじわらのただみち》の子・前大僧正覚忠《さきのだいそうじょうかくちゅう》、東大寺再建に貢献した俊乗房重源《しゅんじょうぼうちょうげん》、そして鎌倉時代に入ると、時宗《じしゅう》の開祖である一遍《いっぺん》上人が参詣《さんけい》している。彼らの善光寺との具体的な関わりについては、あとで見ていくことにする。

そして戦国時代には、本尊が有力武将の手に渡り、たらい回しにされもした。甲斐《かい》の武田信玄《たけだしんげん》、岐阜の織田信長《おだのぶなが》、京の豊臣秀吉《とよとみひでよし》といった人たちの手を移っているから、よくぞ長野に戻ってきたものだと思う。

なぜ、学者たちから無視されてきたのか

平安後期以降の善光寺は、有名な霊場だった。にもかかわらず、手もとの仏教史の本

には登場せず、もちろん日本史の教科書にも出てこない。

なぜかといえば、「研究のやり甲斐《がい》がない」からだ。研究しても、学者として高い評価は得られなかったのである。

仏教史という視点から見ると、一段低く見られがちなのだ。法隆寺《ほうりゅうじ》や東大寺、薬師寺《やくしじ》などのほかの古代寺院と善光寺は、何が違うのだろう。なぜ、あまたいる学者たちから無視されてしまったのだろう。

大きな理由は、『善光寺縁起《えんぎ》』みずから、「この寺は凡夫底下《ぼんぶていげ》の草創《そうそう》」と語っているように、エライお坊さんが建立《こんりゅう》したわけではなかったからだろう。この縁起を信じるなら、気も遠くなるような大むかし、素性《すじょう》も定かではない「信濃国伊那郡《いなのこおり》の土民《どみん》・本田《ほんだ》善光《よしみつ》」が、建立したのだという。

つまり、「インド、中国からもたらされた、ありがたい教えを、高僧が信濃に伝え、広めた」わけでもない。また、鎌倉時代に雨後《うご》の筍《たけのこ》のように出現した、浄土真宗《じょうどしんしゅう》や時宗などのような「新しい日本的な仏教」が持ちこまれてできたわけでもない。善光寺の歴史は、仏教史ではなく、宗教民俗学の範疇《はんちゅう》にあるというのだろう。

実際には、「科野《しなの》（信濃）国造《くにのみやつこ》」の私寺として建立されたのだが、それでもなぜ、「本田善光」なる無名の庶民の物語が必要となったのか、これは大きな謎である。ほかの寺は、ウソでも、エライお坊さんを開基《かいき》や開山《かいさん》にしているのである。わざわざ「凡夫底下の草創」にして、格下げしているのには、何か深意が隠されているのだろうか。

もっともエライお坊さんを置かなかったことで、「どのような宗派でも受けいれる」結果が生まれ、そのことが善光寺の性格を決定づけた。善光寺聖という遊行《ゆぎよう》の僧が、勧進《かんじん》してまわり、信者と布施《ふせ》を獲得し、寺は繁栄する。

ただその反面、「どのような宗派でも受けいれる」ことで、「まともな仏教宗派の信仰ではない」という、レッテルを貼られてしまう。

善光寺は、独自の歴史を歩んできた。だから、仏教史に名をとどめない。

難波《なにわ》の堀江《ほりえ》

善光寺の善光寺たるゆえん、その独自性は、『善光寺縁起』に記されるとおり、「神話的な創建の物語」に求められる。ちょっと中身を見てみよう。

奇跡は、本田善光が難波《なにわ》（大阪府）を観光していたときに起こる。堀江《ほりえ》のわきを通りかかると、仏像が水のなかから飛びだし、背中に乗った。これは、どうも憑依《ひょうい》を意味しているらしい。仏像は、そのまま善光に「おんぶ」され、いっしょに信濃までやってきて、善光寺の本尊におさまったという。

さて、仏像が飛びだしてきた「難波の堀江」は、日本の仏教信仰の出発点ともいえる場所だ。「堀江」を固有の地名とする考えもあるが、かならずしもそうではないだろう。かつての大阪平野の大部分は、巨大な河内湖《かわちこ》と海の底だった。淀川《よどがわ》と大和川《やまとがわ》が湖に流れこみ、南から半島状に上町《うえまち》台地が長く延《の》びていて、その北の端が狭い河口になっていた。

つまり、上町台地の西はすぐ瀬戸内海《せとないかい》である。この高台の風情は、いまも一部に残っていて、夕陽丘《ゆうひがおか》などといった地名がある。四天王寺《してんのうじ》（大阪市天王寺区）や、のちの石山本《いしやまほん》願寺《がんじ》、大阪城も、この台地に造られている。

そして、上町台地の途中を開削《かいさく》し、河内湖から瀬戸内海への水運を確保するために造られたのが、難波の堀江だ。いわゆる運河である。河内湖には、大量の土砂がたまってくる。そのままにしておくと、湖から海への出口は埋まり、水深も浅くなってしまう。大きな船が通れなくなり、水運に支障をきたす。

おそらく、このたいへんな土木工事を成功させて、地域の支配をものにしたのが、物部《もののべ》氏と朝鮮から来た土木技術集団であったにちがいない。そして、運河開削や泥さらいの際に出てきた大量の土砂をリサイクルしたのが、難波の巨大古墳群だったと考えることもできる。

荒唐無稽《こうとうむけい》な物語も歴史である

話を『善光寺縁起』に戻そう。

難波の堀江から飛びだした仏像こそ、六世紀に物部氏と蘇我《そが》氏が繰《く》りひろげた「崇仏《すうぶつ》・排仏《はいぶつ》論争」の結果、物部氏によって捨てられた仏像であるという。

とするなら、たいへん由緒のあるものだが、多くの人は、まったく「荒唐無稽《こうとうむけい》な物語」と思うにちがいない。

一般の人がそう思うのは自由である。しかし、善光寺を学者たちがとりあげないことに「我慢がならない」と憤慨《ふんがい》したのは、民俗学者の五来重《ごらいしげる》である。彼は『善光寺まいり』のなかで、いみじくも次のように述べている。

「学問というものにすこしのフィクションもロマンもあってはならないという教条主義的実証主義は啓蒙時代の遺物である。……（中略）……むしろ荒唐無稽な物語やそれに対する庶民の非論理的理解のなかにこそ真理があり、それが宗教の歴史をうごかしてきたものと言えよう」

五来重の批判は、痛快だ。学者たちのなかには、「日本人の宗教史を考えるうえで、仏教の根本的な教理を知らなければ、何もわからない」と声高《こわだか》にとなえる者もいたが、そういった人たちが、五来重よりすぐれた業績を残したわけではもちろんないからだ。

その一方で、「日本に渡ってきた仏教は、いつのまにか、日本的な信仰に描きかえられていた」という見方が、しだいに浸透しつつある。

日本列島で太古から継承されてきた独特な信仰、風習、文化が、大陸から伝来した仏教を学者のいう「荒唐無稽な物語」に変えてしまったことは間違いないだろう。とはいえ、それは事実であり、それも私たちの歴史である。「まともな信仰ではない」と無視してしまうことは、精神の怠慢としかいいようがない。

五来重も、善光寺の本尊や信仰、そして縁起には謎が多く、理解できないことばかりだという。しかしその謎は、善光寺が庶民の信仰によって支えられているから、これまでの「筋の通った学問では処理しきれない」と指摘する。善光寺の謎は、庶民の心の謎ともいえる。

いまある善光寺は、「月と　ほとけと　おらが蕎麦《そば》」と信濃の人たちに親しまれ、また「凡夫底下の草創」と『善光寺縁起』に記された、庶民の寺だということを再度確認しておきたい。

七世紀なかばの創建

ここでしばらく、できるだけ史実にもとづいた善光寺の歴史を追ってみよう。

寺伝によれば、創建は、皇極《こうぎょく》元年（六四二）で、これは乙巳《いっし》の変、蘇我入鹿《そがのいるか》暗殺の直前のこと、いわゆる飛鳥《あすか》時代の話だ。聖徳太子《しょうとくたいし》が亡くなってしばらくして、善光寺は創建されていたのだから、歴史のあるお寺なのだ。

日本で最初の本格的寺院がヤマトに建てられたのが、推古《すいこ》四年（五九六）ごろである。飛鳥《あすか》大仏をご存じだろうか。これを本尊とする飛鳥寺、つまり法興寺《ほうこうじ》がそれにあたる。それからわずか半世紀後、信濃に仏教寺院が建てられていたことになる。

ただし、善光寺は今日まで一一回焼失しており、現在の秀麗な国宝本堂も、江戸時代の宝永《ほうえい》四年（一七〇七）の再建である。

皇極元年の創建は、考古学や図像資料学からも裏づけされている。

大正十三年（一九二四）の水道工事にともない、境内から古瓦《こがわら》が発掘された。軒丸瓦《のきまるがわら》と軒平瓦《のきひらがわら》で、飛鳥川原寺《かわらでら》（七世紀中～後期の創建）のものによく似ていた。軒平瓦の文様は忍冬唐草文《すいかずらからくさもん》で、法隆寺西院《さいいん》伽藍でも見つかっている。そのため、善光寺は白鳳《はくほう》時代から奈良時代ごろに創建された可能性が高くなった。また、この立派な建造物が建てられる以前にも、すでに何かしらお堂が建てられていた可能性が高い。

前立本尊は、鎌倉時代のものだが、これを秘仏本尊の模刻《もこく》と推測するなら、一光三尊形式の特徴を踏襲《とうしゅう》したものと考えられる。同じ形式の仏像は、やはり法隆寺に例があって、善光寺の本尊は、飛鳥時代から白鳳時代に造られたと考えられるようになった。もっとも、これは実物の姿が明らかになっていないので、推測の域を出ない。

また、創建当時の伽藍配置もわかっている。一遍《いっぺん》上人は弘安《こうあん》三年(一二八〇)に善光寺を参詣しているが、「一遍上人絵図」や「一遍聖絵《ひじりえ》」に当時の善光寺の伽藍が描かれていたのだ。それは、南大門、中門、塔、金堂、講堂が南北に一直線に並ぶ四天王寺式伽藍配置であった。この様式は、飛鳥時代から白鳳時代まで流行していた。

『日本書紀』の持統《じとう》五年(六九一)条に、当地の「水内神」に勅使《ちょくし》が遣わされたという記事があることを考えてみても、やはり古い時代から伽藍が出現していたのだろう。

ところで、『善光寺縁起』からは、この寺が庶民の寺というイメージを強く焼きつけられるが、それは中世以降の話である。創建当初は、この土地の有力者の寺だった。

持統六年(六九二)には、全国に五四五の仏教寺院がすでに存在したが、意外にもその多くは「官寺《かんじ》」ではなく、各地の有力氏族(豪族)の手で造られた「私寺《しじ》」であった。白鳳時代の地方寺院の多くは、国造のあとを継《つ》ぐ「郡司《ぐんじ》」(国造の末裔《まつえい》がそのままついた)

らの手によるものが多く、これを考古学では、「郡家《ぐうけ》（郡衙《ぐんが》）隣接寺院」と呼んでいる。つまりは「氏寺《うじでら》」である。

なぜ早い段階で、地方の豪族が氏寺を持つようになったかというと、それぞれの氏神を祀《まつ》る風習が、そのまま仏教信仰の形に変わったからだろう。

誰の私寺か

善光寺の背後には、後期古墳群がある。二基の前方後円墳と数基の円墳が見つかっている。この地域を支配する有力者の存在が認められるのだ。

昭和四十四年（一九六九）に、善光寺の南西側に県町《あがたまち》遺跡が発掘されると、ここが古墳時代後期から平安時代初期にかけての大集落だったことがわかった。土師器《はじき》や須恵器《すえき》といった土器類だけでなく、金銅《こんどう》装飾金具や蹄脚硯《ていきゃくけん》のような重要な遺物も見つかっている。蹄脚硯は当時の役人が使う硯《すずり》だから、ここが地方官衙《かんが》（お役所）だった可能性が高まった。この時代、国府《こくふ》は筑摩郡《つかまのこおり》（現在の松本市）にあったため、その出張所と考えられる。

善光寺の創建は、その立地条件から考えて、水内郡の郡司の手によるものだろう。『続日本紀《しょくにほんぎ》』宝亀《ほうき》元年（七七〇）十月二十五日条に、「金刺舎人若島《かなさしとねりわかしま》」なる女人の昇進記事が載り、同三年（七七二）正月二十四日条には、彼女が水内郡の出身で、女孺《にょじゅ》となって朝廷につかえたとある。

女孺というのは、天皇の身のまわりの世話をする後宮《こうきゅう》の最下層の女官で、郡少領《ぐんしょうりょう》以上の者の美貌の姉妹子女を貢上《こうじょう》するという決まりがあった。

郡少領以上の高位の郡司をとくに「郡領《ぐんりょう》（こおりのみやつこ）」という。前の記事からも、金刺舎人氏は、水内郡の郡司であったと推定されるし、創建時の善光寺は彼らの氏寺であったと思われる。

二つの舎人《とねり》氏族の時代とその終わり

金刺舎人氏の同族に他田《おさだ》舎人氏がある。両氏は、水内郡のみならず、伊那郡、諏方《すわ》（諏訪）郡、筑摩郡、埴科《はにしな》郡、小県《ちいさがた》郡の郡領も兼ねていた。つまり、ほぼ信濃国全域である。それも、金刺舎人氏らが「科野《しなの》国造」だったからだ。

ちなみに、「科野」が「信濃」と表記されるようになったのは、八世紀以降である。本書では、特記したい場合をのぞいて、信濃の表記で統一させていただく。

「金刺」と「他田」の名はそれぞれ、第二十九代欽明《きんめい》天皇の「磯城島金刺大宮《しきしまかなさしおおみや》」と、第三十代敏達《びだつ》天皇の「訳語田幸玉《おさだのさきたま》大宮」に由来する。彼らは両天皇の時代（六世紀）、「舎人」を差しだしていたのだろう。

国造の一族から天皇に差しだされ、近侍《きんじ》したのが舎人である。信濃の舎人は騎馬に秀《ひい》で、重宝されたようだ。彼らは、壬申《じんしん》の乱（六七二）にも参加して、大海人皇子《おおあまのみこ》（のちの第四十代天武《てんむ》天皇）の勝利に貢献している。

『日本三代実録』には、九世紀中頃の藤原良房《よしふさ》政権のもとで、金刺舎人貞長《さだなが》と他田舎人直利が外従五位下《じゆごいげ》の位に達し、近衛府《このえふ》で活躍していたことが記されている。

貞観《じようがん》八年（八六六）には、諸国のゆかりのある寺院が「定額寺《じようがくじ》」（官寺、公的資金を援助された寺院）に列するが、このとき善光寺が定額寺になったのかどうかは定かではない。

ただし、「健御名方富命彦神《たけみなかたとみのみことひこのかみ》（諏訪大神）」のほうは、神階が貞観九年（八六七）に従一《じゆいち》位《い》に引きあげられている。

ところが、各地の郡司や郡領たちはしだいに没落し、九世紀末以降には、金刺舎人や他田舎人たちの活躍も記録に残らなくなる。

当然、善光寺も財政的に危機に瀕《ひん》していたであろう。十世紀から十一世紀は、貧窮《ひんきゅう》の時代だったと思われる。それが、十一世紀後半から十二世紀中頃の院政期《いんせい》になると、善光寺は平安京のいくつかの有力寺院の末寺《まつじ》となり、命脈《めいみゃく》を保った。最後は近江国《おうみ》の園城寺《おんじょうじ》（三井寺《みいでら》）に連なって、この状態は室町時代の中期ごろまで続く。

なぜこのようなことになってしまったかといえば、寺院にはかつて広大な墾田《こんでん》（新たに開墾《かいこん》した田）の所有が認められていた。ところが、地方の武士や地主たちは、自分たちの土地を中央貴族や寺院に寄進するようになった。実質的には自分たちで使うのだが、中央の大きな保証とお墨付きを得ることで、欲深い国司から身を守ろうとしたためだ。その代わりに、地方の寺院は経営が厳しくなった。

重源《ちょうげん》の大勧進《だいかんじん》と太子《たいし》信仰

文永《ぶんえい》二年（一二六五）に撰進《せんしん》された『続古今和歌集《ぞくこきんわかしゅう》』に前大僧正覚忠《さきのだいそうじょうかくちゅう》の歌がある。

摂関家《せつかんけ》藤原忠通の子で、寺門《じもん》派の僧である（比叡山延暦寺《ひえいざんえんりやくじ》の「山門《さんもん》」に対し、園城寺は「寺門」という）。

善光寺にまうでける時、をばすて山の麓《ふもと》に宿りてよみ侍《はべ》りける

前大僧正覚忠

今宵《こよい》われ　姨捨山《おばすてやま》の　麓にて　月待ち侘《わ》ぶと　誰か知るべき

これを見れば、善光寺は、園城寺とのつながりによって、しだいに都の文化人にまで名を馳《は》せるようになったことがわかるだろう。

ただ、それだけでは、いまの善光寺の隆盛はなかった。その独特のスタンスを決定づけたのは、むしろ浄土思想の願往生者《がんおうじょうしゃ》や念仏《ねんぶつ》聖、遁世《とんせい》僧（官僧の枠からはみ出して修行する僧）らの活躍に負うところが大きい。

その象徴ともいうべき人物が、東大寺再建に大活躍した俊乗房重源《しゅんじょうぼうちょうげん》である。彼は、

平安時代末期に二度も善光寺を訪れ、「百万遍念仏《ひやくまんべん》」「七日七夜不断念仏《なのかしちやふだん》」をとなえている。のちの善光寺にとって、この重源の存在が大きかった。

重源は紀《き》氏の出身で、十三歳で醍醐寺《だいごじ》（京都市伏見区）に入り、その後は大峰《おおみね》、熊野《くまの》の山中で修行を重ねた。宋《そう》に三度渡ったというが、はっきりとしない。治承《じしよう》四年（一一八〇）に平重衡《たいらのしげひら》によって東大寺が炎上すると、翌年八月、「造東大寺大勧進《ぞうとうだいじだいかんじん》」の宣旨《せんじ》を受けた。

「勧進」とは要するに、募金活動だ。わずかな志でも喜捨《きしや》すれば、神仏の加護《かご》が得られると説いて、諸国を回ったのである。このとき、発願《ほつがん》の趣旨を述べる趣意書の役割を担うのが勧進帳で、これを勧進聖が読みあげる。喜捨をする人たちに誦経《ずきよう》、念仏の功徳《くどく》を説明し、事業に参加することによって現世利益《げんせりやく》が得られると説く。

重源は奈良に戻り、文治《ぶんじ》元年（一一八五）に大仏開眼供養《かいげんくよう》を済ませた。このとき六十四歳、彼の超人的な活躍、どう理解すればよいのだろう。

若いころから遊行《ゆぎよう》を繰りかえした重源は、視野が広く、体力もあり、各地を結ぶネットワークを構築していた。奈良時代の行基《ぎようき》のように、庶民に寄りそい、社会事業に奉仕したことで、多くの支持を集めた。

重源の活躍が、善光寺のありようを大きく変えたように思えてならない。

もちろん、武士の台頭と貴族社会の没落があり、阿弥陀信仰が盛んとなるなかで、半《はん》僧半俗《そうはんぞく》の念仏聖や上人といった最下層の神仏習合の結晶のような、無名の修行者たちが各地を遊行して回り、彼らが善光寺を拠点としはじめたことも重要である。

しかし、庶民の視点からすれば、何といっても、天皇から直々に大勧進の役を受け、中央から二度もやってきた重源のインパクトは絶大だっただろう。

もうひとつ注目すべきは、四天王寺とのつながりだ。四天王寺といえば代表的な聖徳太子建立寺院なのだが、院政期には善光寺と同じように、園城寺の末寺となっていた。そのことで、善光寺は四天王寺と深い関係を結ぶことになる。

この四天王寺では、「四天王寺の西門が極楽浄土の東門」という信仰が生まれ、多くの信者を集めていた。そして鎌倉時代になると、「聖徳太子と善光寺如来が書簡を交換しあう」というストーリーが広められ、その影響で、善光寺も、「太子信仰」の推進役となっていった。

日本の浄土思想は、天台浄土教《てんだいじょうど》（本覚思想《ほんがく》）のなかで発展したが、「浄土念仏」は寺門派の修行者によって守られてきた。この点は、大切である。だから、善光寺が発展したのも、園城寺や四天王寺とのつながりがあったからなのである。

日本的信仰の象徴

善光寺は創建以来、朝廷や権力者の直接支配を受けてこなかった。そして中世以降、善光寺は在家仏教の寺となって庶民に支えられていくようになる。半僧半俗の人たちの奉仕が寺を守ったのだ。この踏《ふ》んばりこそ、善光寺の誇りであろう。

そして善光寺は、どの宗派でも鷹揚《おうよう》に受けいれることができた。だから、善光寺の周辺には、ありとあらゆる宗派が寄りそっているのである。

いまも、善光寺は「無宗派」である。これに、天台宗の「大勧進」と浄土宗の「大本願《だいほんがん》」という二つの組織が堂前に構え、寺務を分担している。かつては時宗の組織もあったが、いまはない。このように、善光寺はある時代から、どこにも属さない「みんなの霊場」となった。

また、かつての世間一般には、「女人は成仏しがたい」「女人は罪深く、極楽に行けない」という俗説が浸透していた。女人禁制の霊場が増え、その社会的地位がしだいに零落していく。そのなかで、善光寺は女性を受けいれ、救済するようになった。これも、人気を高めたひとつの理由かもしれない。

そもそも善光寺の「仏教」は、日本の土着の信仰と習合した曖昧《あいまい》な信仰形態を守ったからこそ、繁栄を誇るようになったのだろう。宗派にこだわらない善光寺のありようは、よい意味で、「日本人の原始的な信仰」を象徴するものといえるのではないだろうか。これは、富士山に向かったとき、何の制約もなく、「ああ、崇高《すうこう》だ」と感じる心に近い。

「日本人の宗教史を考えるうえで、仏教の根本的な教理を知らなければ、何もわからない」と声高にとなえる学者には、「純然たる仏教よりも、日本固有の信仰のほうが、すくなくとも現代日本人に多大な影響をおよぼしている」と反証できる。

神仏習合《しゅうごう》ひとつをとっても、「日本の神は、もともとは仏の姿をしていた」と説くから、いかにも「神道」（日本人の伝統的な信仰をこの二文字であらわすことには抵抗があるが、ここでは便宜《べんぎ》的に用いる）が仏教側になびいたと思われがちだが、実際には、日本人の三つ子の魂が仏教を日本的な信仰にすり替えてしまったのだ。

仏教は日本に移入されたあと、日本人の伝統的な信仰にとりこまれ、変質していった。いわば、「宗派など、どうでもよい」「なぜなら神仏は、ありとあらゆる場所に存在するからだ」という、私たち日本人の宗教観の源流があるのではなかろうか。その象徴的な存在が善光寺ではないか。

「ならば、日本人的な信仰の本質を喝破《かっぱ》してみろ」と詰め寄られそうだが、これも難しく考えることはない。

日本人の信仰はアニミズムと多神教なのだが、なぜ先進国の仲間入りを果たした日本が、いまだに「野蛮な多神教」的発想を守っているかという問題がある。災害列島にあって、自然の猛威の前には人間などちっぽけな存在にすぎないという「諦念《ていねん》」――、これこそが、日本人の思想の根本にあるからだと思う。大自然の猛威は、「神」の仕業《しわざ》であり、大自然が神そのものなのだ。

「神のような天皇が恐ろしい」「天皇に手をかければ、どのような恐ろしい目にあうかわからない」「錦《にしき》の御旗《みはた》には逆らえない」という心理も、「天皇＝神＝大自然」と考えれば、理解できる。

多神教が進化して一神教の高みに行きつくと聞かされていたが、これは誤りだ。「大自然は神が造ったのだから、神の子であるわれわれ人間が、大自然を支配し改造することができる」という一神教が生まれたのは、豊穣《ほうじょう》な土地を追いはらわれた砂漠の民が、復讐するための大義名分を「唯一絶対の神」に求めたにすぎない。だから、彼らの一神教は、復讐を正当化するための正義であり、独善である。

日本人のなかに占めるクリスチャンの比率が一パーセントというのは、世界的に見て異常なことである。それはなぜかといえば、多くの日本人が、「大自然を支配することなど、できるわけがない」とわかっているからだろう。これも、災害列島に住んでいる者の「諦念」であり、だからこそ、「神々（大自然）を祀り、鎮《しず》め、日々の平穏無事な生活がもたらされますように」と求めてきた。すなわち、「現世利益《げんせりやく》」である。

これが、日本人の信仰の根本である。善光寺は現世利益を求める凡夫底下《ぼんぷていげ》によって支えられているが、卑下する必要はない。現世利益は「潔《いさぎよ》い諦念」の裏返しだからだ。

善光寺の七不思議

善光寺は多くの人々の信仰を集めたが、仏教史に名を連ねるような寺ではないと思われてきた。創建を伝える正式な史料が残されず、おとぎ話のような縁起だけが残されてきたこともある。だから、善光寺をめぐる研究書は、ほとんど書かれてこなかった。

その一方で、善光寺を無視できないと指摘する五来重は、その不思議をまとめている。ご本人が意図したかどうかは定かではないが、これが「七不思議」になっている。

1、本堂を真上から見ると、大屋根棟が丁字形《ていじ》（撞木造《しゅもくづくり》）になっている。その理由がわからない。

2、本堂に入った外陣《げじん》に「妻戸台《つまどだい》」という舞台が立ちふさがる。このような装置は、ほかの寺院の外陣には存在しない。

3、本尊壇（須弥壇）のほぼ中央に俗人《ぞくじん》の木像が三体並んでいる。本田善光を中心にして、左右に奥方の弥生御前《やよいごぜん》と息子の善佐《よしすけ》。三人を「御三卿《ごさんきよう》」と呼び、ゆえに本尊壇を「御三卿壇」ともいう。本田善光らは如来につかえる身なのに、本尊である善光寺如来のほうが脇に追いやられている（七年に一度ご開帳される「前立本尊」は、御三卿像と絶対秘仏の本尊がおさめられる厨子《ずし》のあいだにおかれる。そのため本尊が中央にあるかのように思われがちだが、実際の本尊は左端に安置されている）。

4、俗人本田善光の名をとって寺の名「善光寺」にしたことは、例外的である。

5、奥方である弥生御前の役割がよくわからない。事蹟がわかっていない。

6、物部守屋《もののべのもりや》の首を埋めたという「守屋柱」と、瑠璃《るり》壇の前の三基の「常燈明《じょうとうみょう》（不滅聖火）」の謎。

7、「三国一の弥陀如来」と謳《うた》われた善光寺如来だが、誰も拝観したことがない秘仏というのも不思議きわまりない。秘仏本尊を模したという前立本尊の印相《いんそう》は、阿弥陀如来らしくない。右手は施無畏《せむい》印で、左手は人差し指と中指を伸ばし、これは薬師如来像の形式に似ている。両脇侍の観音・勢至両菩薩の印もおかしい。さらに、縁起によれば、百済聖明王《くだらせいめいおう》から伝えられた仏像ということになるが、『日本書紀』には、百済から「釈迦仏金銅《こんどう》像」が贈られてきたとあり、話が矛盾する。

以上が、五来重のかかげた善光寺七不思議だ。善光寺のやっかいなところは、「はっきりとした記録が残っていない」ということで、周辺の史料から寺の歴史を掘りおこさなければならない点にある。

月蓋長者《がっかいちょうじゃ》と阿弥陀三尊像

そこで、最初に確認しておきたいのは、『善光寺縁起』の内容だが、その原型となったのは、『扶桑略記《ふそうりやっき》』ではないかと疑われている。これは十一世紀末から十二世紀初頭(平安時代)に編《あ》まれた私撰《しせん》の史書で、長く延暦寺の僧が書いたと信じられてきたが、大《おお》江匡房《えのまさふさ》らの文人グループが手がけたのではないかとする説も出てきている。

『扶桑略記』の記事は、釈尊《しやくそん》の時代の話から始まる。天竺《てんじく》の月蓋長者《がつかいちょうじゃ》が西方を一心に拝んでいたら、阿弥陀三尊が家の門にあらわれた。その姿を模して、金銅像を造ると、長者亡きあと、仏像は空を飛んで百済に移動した。

そして仏像は、欽明十三年(五五二)十月に百済国から海を渡って(漂流《ひょうりゅう》して)摂津国《せっつ》難波津に流れ着いた。阿弥陀仏の大きさは一尺五寸(約四五センチ)、両脇侍仏(観音・勢至）は一尺（約三〇センチ）で、これが日本で最初の仏像だ。当時の人は「本師《ほんし》如来」と呼んだ。

ちなみに、この三尊仏のサイズ、いまの善光寺に伝わる前立本尊のそれとほぼ同じである。ただし、伝承どおりの絶対秘仏本尊が伝わっているのか、伝承にしたがって前立本尊が造られたのかはわからない。

推古十年四月八日、託宣《たくせん》（神がかった人が述べた神の意思）を得た第三十三代推古天皇は、秦巨勢大夫《はたのこせのたいふ》に命じて、この仏像を信濃国に送らせた。このとき建てられた草堂《そうどう》が、善光寺のはじまりであるという。

また、平安時代末期に成立した辞書『伊呂波字類抄《いろはじるいしょう》』には、推古天皇の時代に信濃国の人、若麻績東人《わかおみのあずまびと》（本田善光と同一人物とされる）によって信濃国に如来は移され、第三十五代皇極天皇の時代に水内の地に移った。このとき善光寺が産声《うぶごえ》を上げたと記されている。

いまに残された善光寺の縁起は数十を数える。『扶桑略記』や『伊呂波字類抄』に如来像の来歴《らいれき》は記されていたが、本田善光と子の善佐が活躍する『善光寺縁起』が完成したのは、おおよそ鎌倉時代のことだ。これは、庶民を唱導《しようどう》するために、仮名交《かなま》じり文で書かれた物語縁起である。

それでは、寺の伝承でもある『善光寺縁起』の内容を順に見てみよう。話は悠長《ゆうちよう》に、釈尊がインドにいたころから始まる。

その国の長者に、月蓋（『扶桑略記』にも登場したあの人物だ）なるものがいた。財宝無《む》量《りよう》の大富豪で、欲の皮がつっぱっていて不信心であったという。ところがある日、疫《えき》神《じん》が彼の館に集まり、最愛の娘にとりついてしまった。名医を呼び、大金をはたいてできるかぎりの治療はしたが、効《き》き目はなく、不本意ながら御仏にすがるしかない、ということになった。

しぶしぶ月蓋は、釈尊の前で懺悔《さんげ》し、娘の命を救う方法を尋《たず》ねた。すると釈尊は、自分の力では手に負えないから、西方極楽の無量寿《むりようじゆ》如来（阿弥陀如来の別名）に頼めと教えた。月蓋が西方に向かって念仏を一〇回となえると、はたして阿弥陀如来が両脇侍である観音・勢至をともなって三尊の姿であらわれた。両菩薩が与えた薬で娘は助かり、国じゅうの死者も生きかえった。

そこで月蓋は、阿弥陀三尊のお姿を仏像にしたいと釈尊に願いでると、釈尊は釈迦如来像とそっくりな阿弥陀如来像と二菩薩像を造ってくれた。

「釈迦如来像とそっくりな阿弥陀如来像」というあたりが、すっきりしないのだが、もともと善光寺信仰には、釈迦崇拝と阿弥陀崇拝の二面性があるらしい。また、このときの仏像が、インドから中国、百済とわたり、欽明十三年、聖明王によって日本に贈られたわけだが、それが奇妙な経緯で善光寺の本尊となる。

難波《なにわ》から信濃へ

『善光寺縁起』はまだ続く。

日本にもたらされた仏像は、蘇我氏の私邸に祀られることになった。ところが、熱病が流行するにおよび、物部守屋の父でもある排仏派の物部遠許志《おこし》（尾輿《おこし》）は、熱病の流行は蕃神《ばんしん》である如来の仕業と指弾《しだん》し、仏像を破壊しようとする。遠許志は鋳物師《いもじ》を呼んで溶かそうとするが、ムダだった。そこで、難波の堀江に捨ててしまった。

欽明天皇は、仏像を捨てた悪行が祟《たた》って亡くなる。これを知った敏達《びだつ》天皇は仏像を引きあげさせた。ところが今度は、遠許志の子の物部守屋が、父と同じように仏像を壊そうと躍起《やっき》になった。人夫を大勢集めたが、仏像は壊れるどころか、黄金の輝きが失われることさえなかった。物部守屋は恐れ、もとの場所に沈めた。

これから一四年して敏達天皇は崩御し、用明《ようめい》天皇も物部守屋の策謀《さくぼう》によって早世《そうせい》した。そこで蘇我馬子と聖徳太子は、物部守屋を滅ぼしてしまう。聖徳太子は、物部守屋の髑髏《どくろ》（首）を九条袈裟《くじょうけさ》にくるみ、四天王寺の艮《うしとら》の角の柱の下におさめ、これを「守屋柱」と名づけた。

聖徳太子が難波の堀江の仏像をふたたび引きあげようとすると、仏像は聖徳太子に対し、

「思うところがあって、いまは出られない。時機の到来を待て」

と諭《さと》したという。ここから、善光寺と仏像の関係が明らかになっていく。

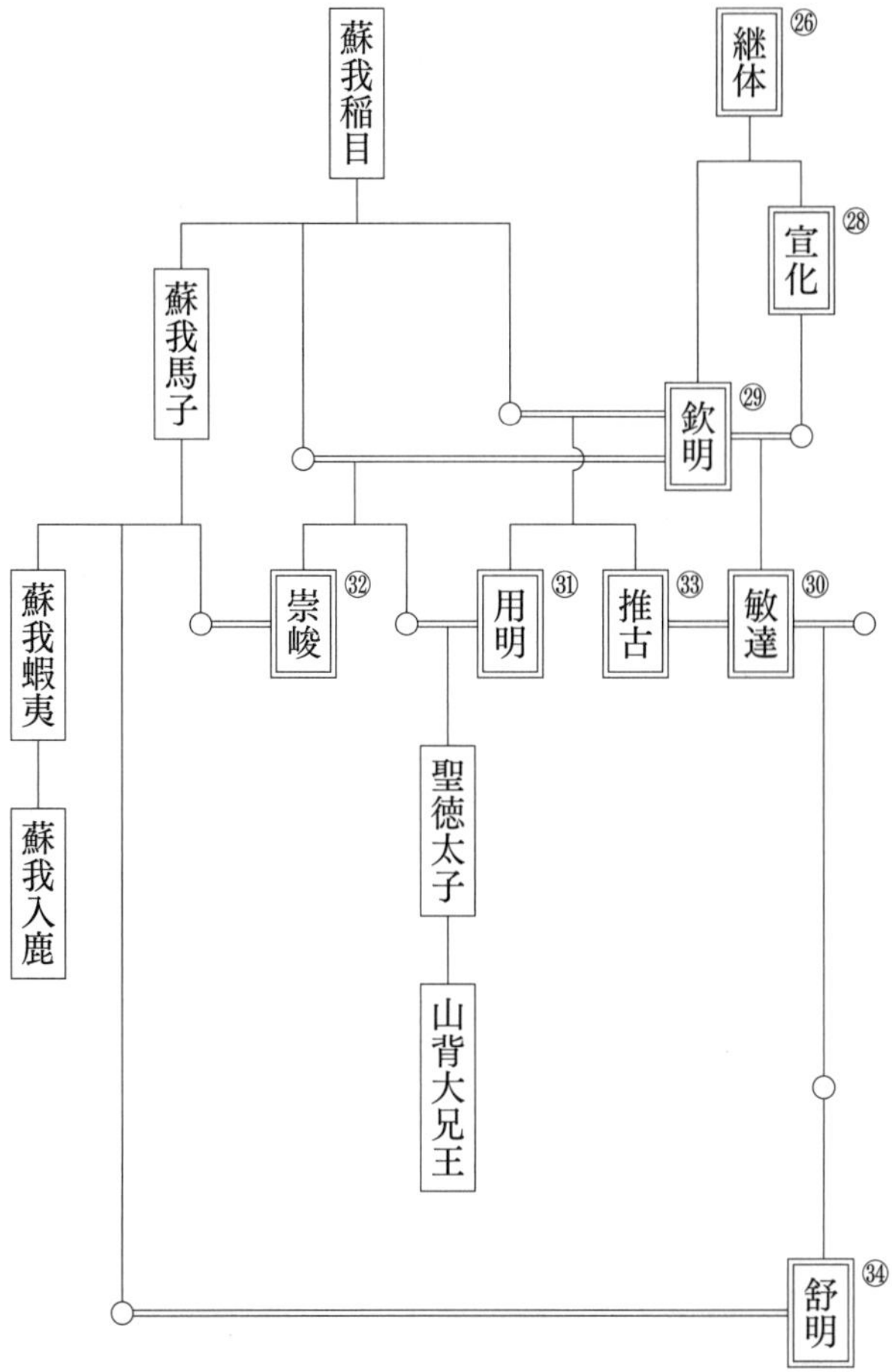

蘇我系の天皇たち（二重囲みは天皇、数字は天皇の代数）

さらに三〇年の年月が流れ、信濃国守《くにのかみ》が上京し夫役《ぶやく》の任をこなしていたという。このとき、信濃国伊那郡の土民・本田善光は賢く、正直者だったので、子の善佐ともども、お供を許されていた。

お役目が終わって、善光と善佐の親子は、念願の都見物を楽しんだ。するとどうだろう。難波の堀江のあたりにさしかかったとき、水のなかに沈んでいた仏像は飛びだし、善光の背中に飛び乗ってきた。

これには理由があった。というのも、善光の前世は、月蓋と聖明王だったというのである（なるほど、これで話がつながった）。仏像は、さんざん水のなかで待ったのだから、早いところ東国に下って、ひとつ屋根の下に暮らし、衆生《しゆじよう》を利益したいといいだした。

推古十年、本田善光は仏像とともに信濃国に帰ってくる。昼は善光が仏像を背負い、夜は仏像が善光を背負って歩いた（どこかで聞いたような話である。ともに上京したはずの息子はどこへ行ったのか）。三年ぶりに帰宅した善光は、妻（弥生）に自分が月蓋と聖明王の生まれ変わりだと説明するが、妻は信じない。すると仏像は、みずからの白毫《びやくごう》のなかに過去世《かこぜ》の姿を現出して見せたという。

それからさらに四一年後（皇極元年）、如来の託宣《たくせん》があり、現在の善光寺の近くの長野市街のあたりにお堂を建て、仏像を祀った。これが、善光寺のはじまりである。

じつは、「縁起」はこれで終わらない。次に、善佐の「地獄めぐり」の物語が始まるが、この話については第四章でゆっくり触れようと思う。

『日本書紀』に描かれた仏教をめぐる争い

『善光寺縁起』にある話を信じるならば、善光寺の本尊は、六世紀の「仏教公伝《こうでん》」（五三八あるいは五五二の二説がある）と、その後に勃発《ぼっぱつ》した「仏教導入をめぐる物部氏と蘇我氏の主導権争い」に関わりがあったことになる。

そして、善光寺本堂にいまも現存する、物部守屋の首が埋まっているという「守屋柱」は、もともと四天王寺に存在していたらしいことがわかる。

この守屋柱の伝承は無視できない。というのも、信濃のもうひとつの霊場である諏訪大社でも、物部守屋が関わってくるからだ。信濃は、最大の古代氏族「物部氏」とつながっていたことになる。

『善光寺縁起』で見た一連の騒動を、『日本書紀』の記事からも確認しておこう。

欽明《きんめい》十三年（五五二）、百済の聖明王が仏像と経典をもたらした。これが伝えられるところの仏教公伝である。欽明天皇は喜ばれたが、異国の宗教である仏教を独断で導入してよいものかどうか、おおいに悩んだ。

そこで群臣《ぐんしん》に尋ねると、蘇我稲目《いなめ》（蘇我馬子の父）は、「西蕃《せいばん》諸国はこぞって礼拝しています」と進言。これに対し、物部尾輿と中臣鎌子《なかとみのかまこ》（藤原鎌足とは別人）は、「国神《くにつかみ》の怒りを買うでしょう」と猛反発した。

そこで欽明天皇は、蘇我稲目に仏像をあずけ、試しに礼拝させたのだった。ところがこの後、国内に疫病《えきびょう》が蔓延《まんえん》し、多くの死者が出てしまう。物部尾輿は「仏像を捨てるべきです」と訴えた。天皇も納得し、仏像は難波の堀江に捨てられ、蘇我氏が建てた寺には火がかけられた。

これとそっくりな事件が、もう一度起きる。敏達三年（五七四）、百済渡来の弥勒《みろく》の石像を蘇我馬子が手に入れると、仏殿を建てて石像を安置し、女人たちを得度《とくど》させた。これが仏法《ぶっぽう》の始まりという。ところがふたたび国内で疫病がはやり、物部守屋らは「このままでは国が滅びます」と奏上し、納得した天皇は、仏法をやめさせようとした。

そこで物部守屋は、寺を壊し、火を放った。焼け残った仏像は難波の堀江に捨てられた。尼僧たちは法衣《ほうえ》をはぎとられ、海柘榴市《つばいち》（奈良県桜井市）の駅舎で鞭《むち》打ちの刑に処せられた。仏法に対する最初の迫害である。

ところがこののちにも、疫病がはやり、高熱で泣きながら死んでいく者があとを絶《た》たなかった。老いも若きも、「これは仏像を焼いた報《むく》いではないか」と噂しあった。

蘇我馬子が「仏の力にすがりたい」と申しあげると、敏達天皇は、蘇我馬子だけに仏法の信仰を許した。

敏達天皇崩御ののちに即位した用明天皇は短命だった。用明二年（五八七）夏四月に発病した天皇は、群臣に向かって「われは、三宝《さんぼう》（仏教）に帰依《きえ》しようと思うが、お前たちは協議しなさい」と述べられた。

すると、物部守屋と中臣勝海《なかとみのかつみ》（この人の経歴は不詳）が、「国神《くにつかみ》に背《そむ》くことなどできない」と主張し、議論は紛糾《ふんきゅう》する。そうこうしているうちに、用明天皇は崩御。同年七月、蘇我馬子は物部守屋討伐軍をまとめると、渋河《しぶかわ》（大阪府八尾《やお》市北西部と東大阪市南西部の一帯）の物部守屋の館を囲んだ。厩戸皇子《うまやとのおうじ》（聖徳太子）ら、多くの皇族が蘇我馬子に加勢したが、相手の守りは堅く、破ることはかなわなかった。

そこで、戦況を見守っていた聖徳太子は、白膠木《ぬりで》という霊木を切って、四天王の仏像を造り、次のように誓願《せいがん》を立てた。

「もし敵に勝たせていただければ、かならず護世四王《ごせしおう》（四天王）のために寺を建立《こんりゅう》しましょう」

蘇我馬子も誓願し、ふたたび物部守屋軍に攻めかかると、ついに破ることができた。戦勝を記念して建てられた寺が、四天王寺である。

こうして見てくると、あらためて『善光寺縁起』の最初の部分が、『日本書紀』に記された物部守屋と蘇我馬子、そして聖徳太子の仏教導入をめぐる争いにまつわる話であったことは、一目瞭然《いちもくりょうぜん》である。

だからこそ、四天王寺と善光寺に残された守屋柱が、大きな意味を持っていたことに気づかされる。

ヤマトの文化は、九州から来たのではない

次に確認しておきたいのは、仏教導入をめぐる争いの真相である。

これまでの常識では、『日本書紀』の記述そのまま、ヤマト建国来の政権の信仰である神道を守ろうとしたのが物部氏であって、蘇我氏は新来の仏教を積極的に導入しようと目論《もくろ》んだ、ということになる。

問題は、なぜ天皇家の中心にあった人たちまでが蘇我氏に加担したかであろう。天皇家は旧来の祭祀の中心をつとめてきたわけであるから、これを捨ててしまったというのは、奇妙である。さらになぜ、物部氏だけが古い信仰をかたくなに守ろうとしたのか、である。

それには、物部氏の正体を知っておく必要がある。話はヤマト建国の時代までさかのぼる。物部氏は、ヤマト建国時から政権の中枢にありつづけた大豪族なのだ。

三世紀初頭、奈良盆地の東南の隅に、前代未聞の政治と宗教に特化された都市が登場する。これが「纏向遺跡《まきむく》」で、三世紀半ばから四世紀にかけて（はっきりとした年代はわかっていない）、箸墓古墳《はしはか》に代表される定型化した「前方後円墳」が出現し、ヤマト政権が誕生した。

そして、ヤマトで生まれた前方後円墳という埋葬文化が、瞬《また》たくまに各地に伝播《でんぱ》し、地方の首長も、「ヤマト政権の緩《ゆる》やかな紐帯《ちゅうたい》」に組みこまれていく。

ここで大切な点は、かつて信じられてきたような、「北部九州から強大な勢力が東遷《とうせん》してヤマトは建国された」という単純なストーリーは、もはや通用しなくなってしまっているということだろう。

弥生時代を通じて、なるほど北部九州は、日本列島でもっとも活気を帯びた場所だった。その墳墓には、ほかの地域には見られない豪奢《ごうしゃ》な副葬品が埋納されていたし、鉄器の保有量でも、よそを圧倒していた。『日本書紀』も、「初代天皇（神日本磐余彦尊《かむやまといわれびこのみこと》＝神武《じんむ》天皇）は、九州から東に移動してヤマトを建国した」と記録している。邪馬台国は北部九州が有力候補地だったから、九州の巨大勢力が東遷して、ヤマトが生まれたという考えが一般的だったのだ。

ところが、考古学の進展によって、この「常識」は覆《くつがえ》されようとしている。纏向には、各地から土器が集まり、北部九州の土器は、これより遅れてやってきている。しかもごくわずかだ。

また前方後円墳は、各地のさまざまな埋葬文化を合体して誕生したものだが、北部九州の豪奢な副葬品という要素は、そのなかのひとつにすぎない。前方後円墳の原型を作りあげたのは、瀬戸内海《せとないかい》の「吉備《きび》」（岡山県と広島県東部）だった。

つまりヤマト政権は、いくつもの地域が集まってできた「連合体」なのであって、「強い征服者」が中心に立っていたわけではなかったのだ。しかも、ここが肝心なところだが、纏向に集まった外来系の土器の半数は、東海地方など東側の地方からもたらされたものだった。ヤマト建国といえば、「西側文化の集大成」だったかのように思われがちだが、実態はおおいに異なる。

これに先行する形で、近江や尾張《おわり》（とくに伊勢湾沿岸）で「前方後方墳《ぜんぽうこうほうふん》」（前方後円墳ではない。前も後ろも四角）が生まれ、これが各地で採用され、独自のネットワークを構築しようとしていた。のちに出現する「前方後円墳体制」は、前方後方墳のネットワークに対抗して構築された可能性が高い。もちろん、東側の動きに慌《あわ》てた西側が、あらためて東側と手を組んだということだろう。

ヤマト建国とは、まず東が前方後方墳を広め、この上に前方後円墳の体制が覆《おお》いかぶさっていったのであり、東側の活躍を抜きにしては語ることができない。

吉備《きび》から来た物部氏が主導権を握る

あらためて重要になってくるのは、ヤマト建国に至る物部氏の役割だ。

『日本書紀』によれば、神武東遷よりも早く、物部氏の祖の「ニギハヤヒ（饒速日命《にぎはやひのみこと》）」が、「磐船《いわふね》」に乗ってこの地に舞いおりていたという。その後、ニギハヤヒは神武天皇を迎えいれ、王権を禅譲《ぜんじょう》した。けれどもこれは、政治的な敗北ではなかった。

このときニギハヤヒは、神武のヤマト入りに頑強に抵抗する義兄の長髄彦《ながすねびこ》を殺している。神武は長髄彦に一度敗れていたから、ニギハヤヒの決断がなければ、追いかえされていただろう。物部氏の祖は、神武を好意的に迎えいれたのであり、神武の軍に征服されたのではない。

また、物部系の史書『先代旧事本紀《せんだいくじほんぎ》』には、ニギハヤヒの子のウマシマヂ（宇摩志麻遅命、可美真手命《うましまでのみこと》）が、諸々の儀礼や制度を整えたと記されている。

前方後円墳は、その原型がまず吉備に生まれ、これに各地の埋葬文化を重ねあわせて成立したが、この歴史を物語るかのように、物部氏の拠点だった八尾市周辺からは、ヤマト建国前後に作られた吉備系の土器が出土している。物部氏の祖であるニギハヤヒが吉備からやってきたと考えれば、その謎も解けるだろう。

物部氏が中心となってヤマトが成立し、前方後円墳が各地に広められていったが、六世紀末から七世紀初頭、物部氏の時代が終わるとともに、前方後円墳体制の時代、すなわち「古墳時代」も終焉《しゅうえん》の時を迎えたのである。

吉備出身の物部氏は、瀬戸内海の覇者だった。ヤマト建国のあと、それまで繁栄を誇っていた出雲や日本海側の勢力は没落していたことが、考古学的に証明されているが、かたや吉備の一帯はその後も繁栄を続け、五世紀前半には、ヤマトの王家とほぼ同等の大きさの前方後円墳を造営している。

ヤマト建国前後の主導権争いの勝者は、瀬戸内海だったのである。ヤマト政権の軸になったのは物部氏で、ヤマトの大王（のちの天皇）に実権はなかった。ニギハヤヒが神武を「祭司王《さいしおう》」として呼び寄せたにすぎない。物部氏は王位を手放す代わりに、実質的な権力と富を獲得したのである。

物部氏と蘇我氏の本当の関係

こののち物部氏は、日本最大の豪族として生き残っていく。ところが六世紀を迎えると、国を二分して対抗するようになった勢力があらわれ、それによって滅ぼされた。その新勢力が、蘇我氏である。

そう考えると、物部守屋と蘇我馬子の対立も、仏教をめぐって争ったように見せかけて、じつはヤマト建国来継承されてきた政治体制の見直しの意味あいが強かったのではないだろうか。

たとえば、蘇我政権下で大陸に使者が送られたとき、隋《ずい》の文帝《ぶんてい》は日本の統治システムに驚いたという。

「倭王《わおう》は天を兄、日を弟としている。兄は、太陽が昇らないうちに政《まつりごと》を聴《き》き、日が昇れば、政務を弟に委《ゆだ》ねる」

いわゆるツイントップによる祭政一致《さいせいいっち》体制である。この日本の使者の報告に、文帝はあきれかえったらしい。「なんと野蛮なことを」と、いいたかったのだろう。すぐに改めるよう助言している。ちなみに、ここにある「兄」は実際のところ「姉」だった可能性が高い。

もっとも、日本がとっていた「祭政一致」は、律令制度が整ったのちも、まったく消えることはなかったし、原則として緩やかな合議体制が維持されていた。これには長所もあったのだが、当時の東アジアの専制主義から見れば「異端」であった。

そこで蘇我氏は、制度改革を本格的に推《お》し進めようとした。では、物部守屋亡きあとの物部氏の残党がいっせいに抵抗したのかといえば、そういうわけでもない。物部氏も、蘇我氏の改革事業を後押ししていた気配がある。

『日本書紀』は、「物部氏と蘇我氏は犬猿の仲」といい、「物部守屋の滅亡によって物部氏は没落した」かのように記すが、実態はそうではない。

まず、物部系の史書『先代旧事本紀』は、蘇我氏を非難していない。物部守屋と蘇我馬子の争いすら記録していないし、物部守屋は物部氏の傍流にすぎず、本家はその後もしっかり活躍していたと記す。

ところが『日本書紀』は、「蘇我馬子の妻は物部守屋の妹で、蘇我馬子はこれを利用することで権力を得て、物部守屋を殺すことでその財産を得た」と、まるで蘇我馬子が謀略者であるかのような書き方をしている。さらに、絶頂期の蘇我蝦夷と子の入鹿による「専横」を責めたてている。

蘇我氏による「物部潰《つぶ》し」は、蘇我氏の専横の象徴であり、とにかくやり方が卑怯《ひきょう》だったというのが、『日本書紀』の一貫した主張である。

加藤謙吉《かとうけんきち》は蘇我氏について、『蘇我氏と大和王権』のなかで、「政治的には頂点を極めたにもかかわらず、蘇我氏の経済的基盤は非常に貧弱な状態であった」とする。

これに対する物部氏は、「政治的にも経済的にも軍事的にもきわめて巨大であった」

といい、奈良朝以降の史料にあらわれる物部勢力の浸透した地域は「四四国九一郡」におよび、「完全に他氏を圧倒している」と述べている。それはなぜかといえば、物部氏が日本各地の土地を保有し、多くの私有民を支配していたからだ。

加藤謙吉はこのことを踏《ふ》まえて、「新参勢力である蘇我氏が物部氏を追い落し政界の主導権を握るためには種々の克服しなければならない難問が控えていた」といい、六世紀末から七世紀初頭にかけて、蘇我氏が物部氏の支配する土地を蚕食《さんしょく》していったと指摘したのである。

本当に蘇我氏は、物部氏を滅亡に追いこみ、物部氏の手足をもぐようにして、土地を奪っていったのだろうか。

これまでの歴史観は、「蘇我氏は大悪人だった」という『日本書紀』の主張を無批判で信用し、そこからすべての事象を解釈してきた。

しかし、この「正史」が書かれたとき、朝堂《ちょうどう》のトップに立っていたのは、蘇我入鹿を殺した中臣鎌足の子の藤原不比等《ふじわらのふひと》だったということを念頭におかなくてはならないだろう。『日本書紀』の一方的な主張を鵜呑《うの》みにすることはできないのである。蘇我入鹿を殺した中臣鎌足を正当化し、ついでに顕彰《けんしょう》するため、蘇我氏を悪人に仕立てあげた可能性も疑っておく必要がある。

実際に、「蘇我氏は改革派だったのではないか」「中央集権化を促進していたのは蘇我氏ではなかったか」という指摘が近年、徐々に提出されるようになってきた。筆者も、蘇我氏は改革事業を手がけたにもかかわらず、手柄を藤原氏に横取りされてしまった被害者だったと考える。

蘇我氏が中心となって、六世紀から七世紀の改革事業は推し進められたのだろう。この真実がわかってくると、物部氏の歴史も、まったく違った見方ができる。

これで、被害者の立場である物部氏が、『先代旧事本紀』のなかで、蘇我氏を非難していない理由もわかるだろう。だいたい、物部氏は蘇我氏を怨《うら》んでいない。むしろ蘇我入鹿の母親が物部系だったことを、誇らしげに記しているほどだ。こんなさりげない記録のなかにこそ、ことの本質は隠されている。物部氏と蘇我氏は、『日本書紀』が喧伝《けんでん》するような「犬猿の仲」だったわけではない。

真の改革者

物部氏と蘇我氏の関係は、複雑だ。すでに六世紀初頭、両者は手を組んでいたのではないかとする説もある。

継体《けいたい》天皇擁立《ようりつ》に奔走し一大勢力となったのは大伴金村《おおとものかなむら》だが、彼は朝鮮外交政策のつまずきで失脚してしまう。大和岩雄《おおわいわお》の『信濃古代史考』によると、このとき暗躍し、大伴金村を追い落としたのが物部尾輿で、これを蘇我稲目が支えたのではないかという。根拠は、物部尾輿の娘が蘇我馬子に嫁いでいたことである。

もちろん、両者が全面的に合体したということではあるまい。当時は、利害の一致を見たときにかぎり、手を組んだということではなかったか。だから、ことあるたびに反目しあい、暗闘が繰りひろげられていたことは間違いないだろう。というのも、物部氏はヤマト政権の伝統的な「親百済《くだら》」の方針を貫いていたが、蘇我氏は全方位形外交を展開し、百済の仇敵《きゆうてき》である新羅《しらぎ》とも、うまくやろうとしていたからだ。

物部氏は朝鮮外交政策で蘇我氏と利害が衝突していた。この調整が難航したのだろう。また、外交をめぐる駆け引きは、国内だけで済む問題ではなく、朝鮮半島側からの働きかけも、激しさを増していたはずである。

しかし最終的に、両者は折り合いをつけたようだ。

その例として、蘇我氏が建てた日本で最初の本格的仏教寺院でもある法興寺《ほうこうじ》（飛鳥寺）をあげることができる。建立《こんりゅう》には、百済系工人が活躍しているし、その刹柱《さっちゅう》を立てる式に蘇我馬子らが「百済服《くだらふく》」を着て出席し、皆を驚かせたという話が『扶桑略記《ふそうりゃっき》』に載っている。これも、「物部氏と妥協した印として、百済の力を得て法興寺を建てた」と考えれば、その意味がはっきりとしてくる。

もうひとつ、物部氏と蘇我氏のあいだには、大きな溝が隠されていた。

蘇我氏がめざしたのは、東アジアの一員として、恥ずかしくない国家であった。隋の皇帝に笑われた統治システムの刷新である。隋や唐《とう》で完成した律令制度をとりいれ、法律を整え、土地制度を改めることで、天皇を中心とした中央集権国家の構築をめざしたのであろう。

そして、ここが大切なのだが、律令制度は「土地改革」でもあった。戸籍を作り、豪族たちから私有地と支配民を召《め》しあげ、それらをいったん天皇（国家）のものにして、土地を民に公平に分配する。つまり、「公地公民」である。これによって、農民が収穫物のなかから税をおさめるシステムになった。

この場合、広大な土地を所有していた豪族層が損をする。原則として私地私民は禁じられ、それまで世襲されてきた特権が剝奪《はくだつ》されるわけだから、いちばん割を食うのは、日本一の土地持ちである物部氏だ。

逆の立場から見れば、「物部氏さえうなずいてくれれば、ほかの多くの豪族たちがなびいてくれる」との読みとなる。だから蘇我氏は、物部氏を説得し、物部氏が率先して土地を差しだし、改革事業に協力してくれるよう根回しをしたのだろう。

この過程で、巨大豪族物部氏は内部分裂したと思われる。蘇我氏の改革に刃向《はむ》かってくる者もいたにちがいない。それが『日本書紀』の物部守屋をめぐる騒乱記事になったのではないだろうか。

しかし、物部氏の本流は、改革を支持し、「日本という国家の未来のために土地を差しだす」と身を切る覚悟をしたものと思われる。とすれば、「真の改革者」である物部氏は、もっと礼賛されてもよいと思う。

それでは、『日本書紀』が真実をねじ曲げ、物部氏と蘇我氏の関係をわざわざこじらせて、「犬猿の仲」と書いた理由はどこにあったのだろう。それは、事実を裏返して、「改革をつぶしたのは蘇我氏」という前提でスタートしたために、嘘が嘘を呼び、「物部氏が蘇我氏と手を組んで改革を推し進めた」と、本当のことを書くことができなくなってしまった点にある。

こうして藤原氏は、物部氏や蘇我氏から改革事業の手柄を横どりしてしまったわけである。これまでは、古代史の英雄といえば、蘇我入鹿を殺した中大兄皇子《なかのおおえのみこ》（のちの第三十八代天智天皇《てんじ》）と中臣鎌足の二人であると誰もが信じていたが、真の改革派は蘇我氏と物部氏である。むしろ中大兄皇子は、改革潰《つぶ》しの主犯だった。

そして、この古代日本の歴史が反映されているのが、信濃の歴史なのである。

死後恐れられた物部守屋

というわけで、『日本書紀』に描かれたような、物部氏と蘇我氏の「仏教導入をめぐる全面戦争」が本当にあったのかどうかも、じつに疑わしい。

物部氏は長いあいだ、百済と緊密な関係を保っていた。「物部」を名乗る百済の役人が存在しているくらいだから、おそらく物部系の人物が百済に移り住み、その子孫が役人にとりたてられたのだろう。だから、物部氏が主導権を握っていたヤマト政権は、「親百済」を貫いた。

仏教公伝とは、百済王が日本に仏像をもたらした事件だから、むしろ物部氏は、これを歓迎していたのではないだろうか。実際に、物部氏がかなり早い段階に仏教寺院を建立していたことがわかっている。

ということは、物部氏によって仏像が難波の堀江に捨てられたという説話の信憑性《しんぴょうせい》は疑われる。その仏像が本田善光の背中に飛び乗って信濃までやってきたという『善光寺縁起』の筋書きにも、おおいに疑念を持たざるをえない。『善光寺縁起』は、明らかに「『日本書紀』のあらすじ」に依拠《いきょ》している。

では、本当のところ、善光寺の仏像は、どこから、誰の手によってもたらされたのか。しかも、善光寺には、物部氏の影がちらつく。もっともわかりやすい例が、「守屋柱」だろう。

そのヒントは、四天王寺にある。ここにも、「守屋柱」があった。『日本書紀』にある話を鵜呑《うの》みにすれば、聖徳太子が「もしこの戦いに勝たせてくれれば、寺を建てましょう」と誓願したことが、この寺が建てられた理由だった。四天王寺は戦勝記念の寺というのが通説だが、じつは、殺された物部守屋の「鎮魂」が大きな目的だったのではないかと思えてくる。

四天王寺には、物部守屋の怨魂に悩まされたという伝説が残されている。物部守屋は「数千万羽の悪禽《あくきん》（啄木鳥《きつつき》）」となって四天王寺を襲い、いっせいに堂塔をつついたというものだ。しかし、白い鷹になった聖徳太子がこれを追いはらった。

また、寺に伝わる国宝「丙子椒林剣《へいししょうりんけん》」は、もともと聖徳太子の持ちものであって、「物部守屋の頸《くび》を切った刀剣」であるという。

法隆寺も、物部守屋と関わりが深い。『古今目録抄《こきんもくろくしょう》（聖徳太子伝私記）』は、法隆寺の伏蔵《ふくぞう》（地中に埋められた宝蔵）にも「物部守屋の頸を切った刀剣」が納められたと記す。

『日本書紀』の推古元年（五九三）、「難波の荒陵《あらはか》に四天王寺を造る」とあるが、『上宮《じょうぐう》聖徳太子伝補闕記《でんほけつき》』や『聖徳太子伝暦《でんりゃく》』などの中世文書には、四天王寺が現在の場所に祀られる以前、まず「玉造《たまつくり》」（大阪市中央区）の地に造営されたと記録される。

この玉造は、物部守屋と縁の深い土地だった。『日本書紀』は、物部守屋の滅亡から六年後に四天王寺は建ったというが、そのあいだ追善と怨霊封じのために、玉造に何らかの施設が用意されたのち、いまの荒陵に移転した可能性は高い。

あまりにも悲惨だった物部守屋滅亡事件

物部守屋滅亡事件は、聖徳太子の活躍ばかりが目立っているために、『日本書紀』に描かれた「その後」は、あまり知られていない。守屋滅亡直後の悲惨な様子を、『日本書紀』は克明に記録していた。これは、かなり意図的な記述だと思う。

物部守屋の資人《しじん》（従者）の捕鳥部万《ととりべのよろず》は、一〇〇人の兵を率いて難波の邸宅を守っていた。ところが、物部守屋が滅んだと聞き、馬に乗って逃げるが、矢に射抜かれた。地面に倒れたまま、つぶやいた。

「私は天皇の盾となって戦おうとしたのに、罪状をとり調べてもらえない。逆にこのような窮地《きゅうち》におちいってしまった。誰か、話のわかる人はいないだろうか。殺されるのか、捕まるのか、その区別を教えてほしい」

しかし兵士らは、捕鳥部万の訴えに耳を貸さず、競って彼を射ようとするではないか。捕鳥部万は矢をはらうと、三〇余人を殺した。そうしておいて、自分の剣で持っていた弓を三つに切り、剣を曲げ、川に投げると、小刀で首を刺して亡くなった。

河内国司がその様子を朝廷に伝えると、朝廷は、「捕鳥部万を八段に斬り、八つの国にばらまいて、梟《くしざし》の刑にしろ」と命じた。河内国司が捕鳥部万の遺骸を斬り、串刺しにしようとしたら、雷が鳴り、大雨が降ったという。

このとき、捕鳥部万が飼っていた白い犬が、首を垂れ、仰《あお》ぎ、主人の屍《しかばね》の周囲を回って吠えた。そして、主人の頭をくわえると、古い墓に納め、枕のかたわらに寄りそい、そのまま餓死した。

河内国司は、この犬の話も朝廷に報告した。朝廷は聞くに堪《た》えず、「世にも珍しい犬だから、後世に伝えよ。捕鳥部万の一族に墓を造らせ、葬るように」と命じた。そこで二つの墓が造られ、捕鳥部万と犬は葬られたのである。

犬にまつわる悲話は、それだけではない。やはり河内国から報告があった。

「餌香川原《えがのかわら》に斬り殺された人がいます。数えると、数百になります。頭も体も腐ってただれ、身元もわかりません。人は、ただ衣服の色だけを頼りに、遺骸を引きとっていきます。そのなかに桜井田部連胆渟《さくらいのたべのむらじいぬ》が飼っている犬がいて、主人の遺骸をくわえたまま、かたわらに伏して、守り、遺骸が引きとられると、立ち去りました」

このように『日本書紀』は、やや過剰とも思えるほど、物部守屋滅亡後のさまざまな悲劇を記録している。忠犬まで登場させ、「お涙ちょうだい」を描いている。物部守屋は物部氏の傍流だったとはいえ、戦いの結果は悲劇的で、それほど後味《あとあじ》の悪いものだったのだろう。

祀られていた物部守屋

勝者の側にも当然、敗者を悼《いた》む気持ちは芽生《めば》えただろうし、どこかで誰かが弔《とむら》っていたにちがいない。落雷と大雨の記録は、祟りを連想させるに十分だ。供養や鎮魂の必要性を物語っているともいえる。

四天王寺は、二つの聖なるラインを持っている。ひとつは、南大門から入り、南北に並ぶ四天王寺式伽藍を直線に結ぶ「オモテ」の線である。もうひとつは、「極楽浄土の東門」といわれる西大門から入り、伽藍の金堂と五重塔のあいだを東西に通る「ウラ」の線だ。

ウラの線のいちばん奥、伽藍の東には、太子殿《たいしでん》(聖霊院《しょうりょういん》)が新たに造られ、太子信仰の拠点になっている。太子殿は、八角円堂《はっかくえんどう》の奥殿とその拝殿からなるが、その奥殿が、ウラの線の上に位置している。

そして、そのウラの線の最奥部、つまり四天王寺の東端に、隠れるようにして社祠《しゃし》が建てられている。これが、「守屋祠《もりやほこら》」である。物部守屋らは確かに供養、鎮魂されていた。西大門の手前には、石鳥居があるのだが、これが守屋祠に向けられたものであるこ

四天王寺式伽藍の東にある太子殿。その奥殿（八角円堂）と拝殿（手前の建物）。守屋祠は、奥殿の右手奥に鎮座している

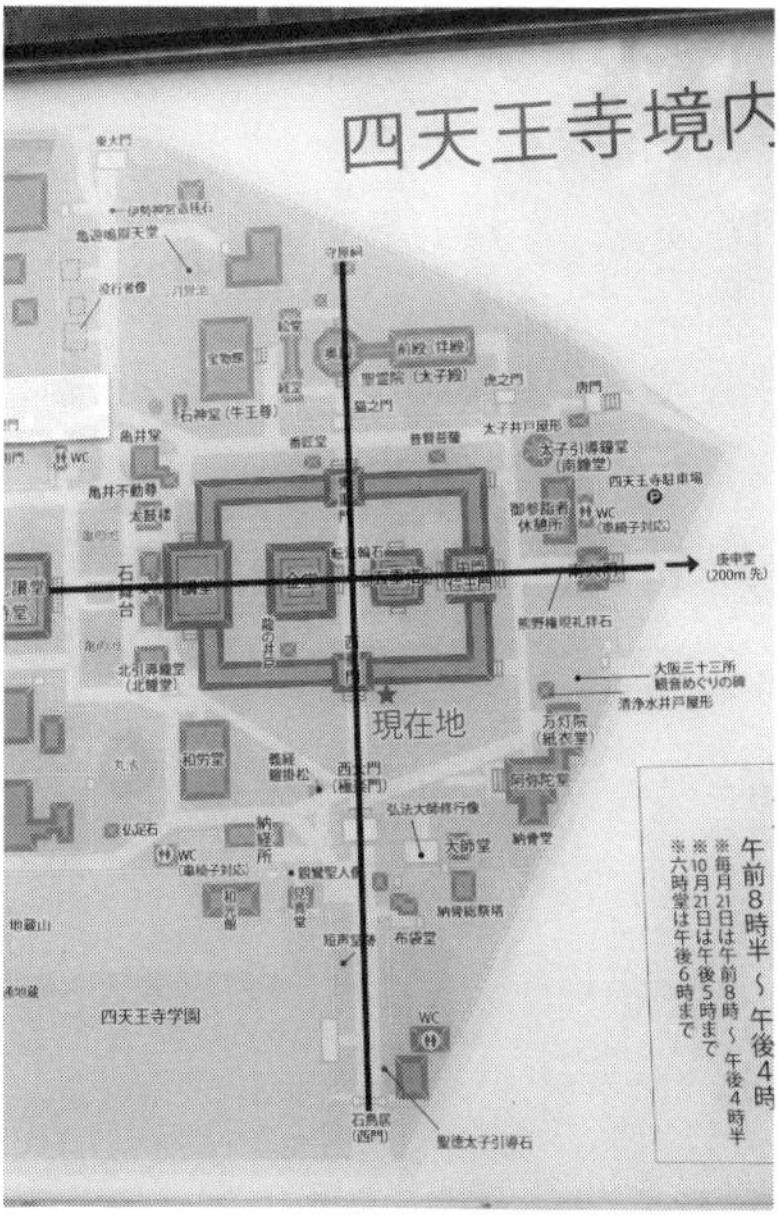

南北に通るオモテの線（横の線）に対して、東西を通るウラの線（縦の線）がある

とは、明らかだろう。

江戸時代の『摂津名所図会《せつつめいしよずえ》』には、参詣客が物部守屋の名を憎み、石礫《いしつぶて》を投げつけるので、悲しんだ寺僧が熊野権現《くまのごんげん》と表札を立てたとある。いまも大っぴらにはされず、お参りするのにも、太子殿拝殿の前から回りこまなくてはならない。その道が開放されるのは、毎月二十二日のみである。

『日本書紀』崇峻《すしゆん》天皇即位前紀に、「時の人」が噂していたという「蘇我大臣《おおおみ》（馬子）の妻は物部守屋の妹で、大臣は軽々しく妻の計略を用いて、物部守屋を殺した」という記事のあと、次のように続く。

「乱を平《しず》めてのちに、摂津国に四天王寺を造った。大連物部守屋の奴婢《ぬひ》の半分と邸宅を分けて、寺の奴婢、田荘《たどころ》（寺の私有地）にした」

平安時代に成立した『四天王寺御手印縁起《ごしゆいんえんぎ》』にも、同様の記事がある。

谷川健一《たにがわけんいち》の『四天王寺の鷹』によれば、物部守屋につかえていた者たちが四天王寺の奴婢になり、彼らの末裔は「公人《くにん》」と呼ばれ、いまでも四天王寺の仕事にたずさわっているという。

『日本書紀』が物部守屋滅亡事件の「後味の悪さ」を必要以上に強調しているのは、蘇我氏の「悪逆ぶり」を伝えたかったからだろう。それは無視してもかまわないのだが、政敵を打ち倒した側の蘇我氏にも、後ろめたさがあったことは、たしかだろう。法隆寺や四天王寺といった蘇我氏や蘇我系皇族と関わりの深い寺院では、物部守屋を供養し、鎮魂するための祭祀をおこなっていたにちがいない

科野国造《しなののくにのみやつこ》はどこから来たか

ただそれは、畿内の話であって、なぜ縁もゆかりもない信濃の善光寺に「守屋柱」が存在し、「物部守屋の首が埋まっている」と伝えられてきたのかは、説明がつかない。

まずひとつの理由は、信濃に物部氏が強く関わっていたからだろう。

信濃国の国造は多氏系の金刺舎人らであったが、彼らを背後から支配していたのが、物部氏だったのである。

『古事記』や『先代旧事本紀』の「国造本紀」によれば、「科野《しなの》（信濃）国造」は、意富《おお》（多）臣《おみ》、火君《ひのきみ》、阿蘇君《あそのきみ》らとともに、カムヤイミミ（神八井耳命）の末裔とある。カムヤイミミは神武天皇の第二子である。つまり、科野国造と多氏は同族である。

また『阿蘇氏系図』も、科野国造は多氏の同族で、第十代崇神《すじん》天皇の時代に、カムヤイミミの孫のタケイオタケ（建五百建命）が任命されたという。タケイオタケの末裔が金刺舎人と他田舎人両氏に分かれ、大化改新後、「諏訪評督《すわのこおりのかみ》」と「諏訪社大祝《すわしゃおおほうり》」にそれぞれ分かれたと考えられてきた。

タケイオタケは、阿蘇神社の主祭神である。それはなぜかというと、信濃に派遣されたタケイオタケの子、ハヤミカタマ（速甕玉命）が阿蘇に移り住み、父を祖神として祀ったからだという。

ただし、科野国造ははじめから多氏系だったわけではないようだ。まず、『阿蘇氏系図』に関しては、残念ながら偽書説が有力視されている。「まったくのでたらめではないとしても、全面的に信頼するわけにはいかない」という評価を得てしまった。

五世紀の科野国造は、考古学の成果などから、更級郡に拠点を構えた「科野氏」で、それが六世紀になって金刺舎人、他田舎人両氏に分かれ、その拠点も下伊那に移ったとする考えも新たに提出されている。

そうなると、多氏系ということになりそうだが、実際は五世紀後半以降に多氏系の新たな実力者が、中央から下伊那に乗りこんできたようなのだ。この推理のヒントを握っていたのは、「長野」と「物部」である。

河内の長野

さて、『日本書紀』雄略《ゆうりやく》十三年春三月条に、「餌我《えが》の長野邑《ながのむら》をもって、物部目大連《めのおおむらじ》に賜《たま》う」という記事がある。ここにある「長野邑」は長野県長野市ではない。「餌我」は、さきほどの物部守屋滅亡記事で登場した「餌香川原」があった一帯である。その「長野邑」が第二十一代雄略天皇の時代に物部氏の支配地になったということだから、この「長野邑」は、河内にある長野だ。

いまの河内長野といえば、河内国の南端にあるが、律令時代の河内国志紀郡《しきのこおり》長野郷は、それより一〇数キロ北、近鉄南大阪線藤井寺《ふじいでら》駅あたりと推定される。周囲は、応神天皇陵、仲哀《ちゆうあい》天皇陵、允恭《いんぎよう》天皇陵、辛国《からくに》神社、葛井寺《ふじいでら》、野中寺《やちゆうじ》、菅原道真《すがわらのみちざね》の遺品が残る道明寺《どうみようじ》天満宮などがある古代の文化先進地域である。

葛井寺は、八世紀前半に建てられ、そのころの造立と推定される国宝の千手観音坐像《ざぞう》が、いまも本尊として安置されている。ちょうど第四十五代聖武《しようむ》天皇の時代の遺品である。

そして、葛井寺周辺に「式内社《しきないしや》の長野神社」があったが、のちに近くの辛国神社に合《ごう》祀《し》された。したがって現地には、長野の地名をとどめるものはない。長野神社を祀ったのは、渡来系の長野氏である。その一部が信濃に移って、善光寺のある長野の地名が生まれた。

長野郷のあった「志紀郡」は、河内多氏・志紀県主《あがたぬし》の本拠地である。信濃国と河内国、ふたつの「長野」をつなげているのは、やはり多氏である。五世紀後半の雄略天皇の時代に河内からやってきた彼らが、その後の科野国造となった。

『古事記』に雄略天皇をめぐる次の説話がある。

雄略天皇は、妻を求めて生駒山を越えて河内の日下《くさか》に赴《おもむ》いた。山から国をのぞいてみると、堅魚木《かつおぎ》をあげた家を見つけた。天皇はその家が誰のものであるかを供《とも》の者に尋《たず》ねた。すると「志幾大県主《しきのおおあがたぬし》の家」だとわかった。雄略天皇は「天皇の御殿とそっくりに造っている」と不機嫌になり、人を遣わして焼こうとした。すると志幾大県主は、必死に謝って奉納物を献上し、事なきを得た。

「日下」は、東大阪市日下である。このとき雄略天皇に服属した「志幾大県主」こそ、多氏であったと考えられている。彼らは日下の支配者だった。

そして、奈良盆地から下った大和川が大阪平野に入り、かつての河内湖に流れこむ手前の広大な一帯を支配していたのは物部氏だった。だから多氏や長野氏は、物部氏の近隣に本拠を持つ氏族であり、物部氏とも古くから関係があったのだろう。あるいはその支配下にあったと考えることもできる。

この一帯には、ニギハヤヒに随行したと『先代旧事本紀』に登場する「芹田物部《せりたもののべ》」や「肩野物部《かたぬの》」、さらに、ニギハヤヒの乗った船を操った者たち「跡部《あとべ》」や「阿刀《あと》」と関わりのある地名が数多く残されている。

現在の辛国《からくに》神社は、主殿に、スサノヲ、ニギハヤヒ、中臣《なかとみ》氏が祀っていたアメノコヤネ（天児屋根命）の三神を祀っている。

あらためて述べるまでもなく、ニギハヤヒは物部氏の祖である。かつて式内社長野神社に祀られていて、辛国神社に合祀されたという神は、このニギハヤヒだろう。

長野神社の祭神がニギハヤヒであれば、長野氏と物部氏の関係は一目瞭然である。長野氏などの渡来系氏族たちは、物部氏の指示を受けて、信濃に乗りこんだのだろう。

信濃の古代史に強く関心を示した大和岩雄《おおわいわお》は、物部氏の祀る石上《いそのかみ》神宮（奈良県天理市）の神戸《かむべ》八十戸のうち、信濃国が五〇戸と突出していることからも、物部氏と信濃の強いつながりを推定できるとする。石上神宮のある大和国が二〇戸であるから、たいへん深い関係があったといえる。

大和岩雄は、物部氏と多氏と秦氏が、深く信濃の経営に関わっていた史実について、あらゆる史料を駆使して調べあげている。これまでほとんど注目されてこなかった地域だけに、貴重な研究といえよう。そこでしばらくは、大和岩雄の指摘にそって、古代の

河内の長野郷周辺の史跡

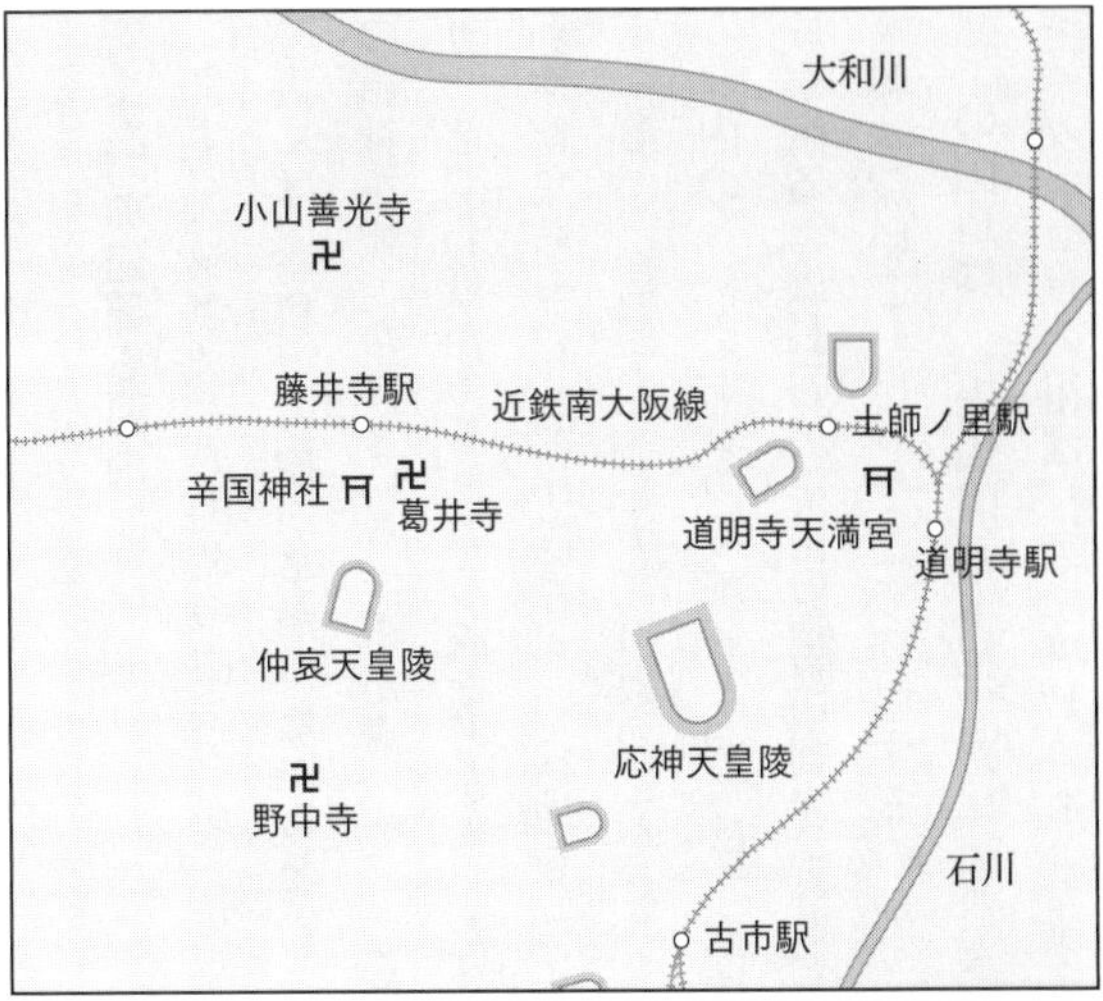

辛国神社の社頭

葛井寺の境内

信濃について考えていきたい。

「シナ」の起源も河内

まず、「シナノ」の国名の由来だが、じつはよくわかっていない。

古くは、「科《しな》」の樹が多かったからという説、また持統天皇紀に「信濃の須波《すわ》と水内の風神を祀った」という記事があって、これが風神である級長戸辺《しながとべ》、級長津彦《しながつひこ》の「シナガ」と関わりがあるとみる説などがあった。しかし、どうやら「シナ」は、地形をあらわす言葉らしい。河岸段丘《かがんだんきゅう》や扇状地を「シナ」と呼ぶ例が多いのだ。

そして、信濃の「シナ」の根っこをたどっていくと、これも河内にたどり着く。

河内の「シナ」がつく地名といえば、聖徳太子、推古天皇、舒明《じょめい》天皇などの蘇我系皇族が眠る「磯長谷《しながだに》」（大阪府南河内郡太子町など）を思い浮かべる人が多いだろう。

興味深いことに、ここで登場するのが、関東の「シナ」である。師長《しなが》国（神奈川県西部）の国造は、『先代旧事本紀』の「国造本紀」によると、タケコロ（建許呂命）の末裔で、タケコロの祖は、アマツヒコネ（天津彦根命）である。そして、このアマツヒコネは、河内国造の祖である。つまり、師長国造と河内国造は同族である。

アマツヒコネは、アマテラスとスサノヲの誓約《うけい》で生まれた男神の一柱だが、神話のなかで活躍したわけではない。その一方で、子孫は繁栄し、凡河内《おおしかわち》国造、山背《やましろ》国造、茨城《いばらき》国造、馬来田《まくた》国造、須恵《すえ》国造、高市県主《たかいちあがたぬし》らの祖神と位置づけられている。

凡河内国とは、河内、摂津《せっつ》、和泉《いずみ》の三国である。茨城国はもちろん茨城県、馬来田国と須恵国は千葉県である。そして、茨城国の名は、もともと大阪府北部の茨木《いばらき》市に由来し、馬来田国の名は、茨田郡《まむたのこおり》（いまの大阪府守口《もりぐち》市、門真《かどま》市、大東《だいとう》市、寝屋川《ねやがわ》市、枚方《ひらかた》市の一帯）に、須恵国の名も、陶邑《すえむら》（大阪府堺市）に、それぞれたどることができる。

さらに、『先代旧事本紀』の「国造本紀」によると、師長国造の祖であるタケコロの末裔には磐城《いわき》国造がいる。また『古事記』には、石城国造の祖をカムヤイミミとしている。磐城（石城）国造は、いまの福島県南東部である。

大和岩雄は『信濃の古代史』のなかで、次のように述べる。

「建許呂命（タケコロ）と神八井耳命（カムヤイミミ）が重なっているのだから、建許呂命を祖とする師長国造と神八井耳命を祖とする科野国造も重なる」

つまり、科野国造は、磐城（石城）国造と同族であり、これを通じて、河内国造や師長国造とも関係があることになる。

こうした系譜から、河内の人たちが東国の各地に移り住んだ歴史が明らかになった。それは、いまの長野県から、神奈川県西部、千葉県、茨城県、福島県南東部におよぶ広大な区域で、そのうち長野県と神奈川県西部の国名が「シナ」を共有している。

大和岩雄は、この「シナ」は河内の磯長谷につながるのではないかと結論づけた。古代における磯長谷の重要性を考えると、この推論はそのとおりだろう。

百済《くだら》の倭人《わじん》官僚たち

「シナノ」には氏名もある。

『日本書紀』継体十年（五一六）九月十四日条に、

「百済は灼莫古《やくまくこ》将軍と日本の斯那奴阿比多《しなのあひた》を遣わして高麗の使者らに付きしたがって来

朝させ、誼《よしみ》を結んだ」

という記事がある。百済から遣わされたという「斯那奴」は、「シナノ」と読む。

また、欽明《きんめい》十一年（五五〇）夏四月一日条に、「百済に住む日本の王の使者が帰還しようとした」と記され、分注に「『百済本記《ほんぎ》』に日本の阿比多が帰還したという」とある。どうやら、これも「斯那奴阿比多」のことを指しているようだ。

斯那奴阿比多は、日本から百済に移って、百済の官人となった人物か、あるいはその末裔の「シナノ氏」である。欽明天皇紀には、百済の官位を得た「斯那奴次酒《ししゅ》」「科野《しなの》新羅《しらぎ》」なる人物が登場している。

なぜ、「シナノ」が、百済と強く結ばれていたのだろう。斯那奴や科野を名のる人たちは、信濃と関係があるのだろうか。

シナノ氏同様、倭人でありながら、百済の官人になった人たちがいる。たとえば欽明紀に、紀臣《きのおみ》奈率《なそち》弥麻沙《みまさ》、物部《もののべの》施徳《せとく》麻哿牟《まかむ》、物部連奈率用歌多《ようかた》、許勢《こせの》奈率歌麻《かま》などといった顔ぶれがある。「奈率」は百済の官位で、彼らは倭系高級官僚である。

このうち紀臣奈率弥麻沙について、詳細な人物紹介が『日本書紀』欽明二年（五四一）

七月条にある。

「紀臣が韓の女性を娶《めと》って産んだ子で、だから百済にとどまり、奈率となった。父は未詳で、ほかもみなこれに倣《なら》え」

欽明紀に登場した「物部」や「許勢」の奈率も、父親は倭人である。ということは、斯那奴阿比多、斯那奴次酒、科野新羅も、その父は倭人だろう。

ならば、彼らの父親たちは、いつ、何のために百済にやってきたのか。

『日本書紀』継体六年（五一二）四月条に、穂積臣押山《ほづみのおみおしやま》が百済に遣わされ、継体七年六月に帰国したとある。ちなみに、「穂積氏」はニギハヤヒの末裔で、物部氏とは同族である。

また、継体九年二月条には、物部連父根《ちちね》が船五百艘《そう》を率《ひき》い、百済の将軍を朝鮮半島に送り、継体十年（五一六）九月に帰国したとある。

物部系氏族が頻繁《ひんぱん》に百済とのあいだを行き来していたのは、彼らがヤマト建国来、政権の政治と外交の中心に立っていたからだ。古墳時代のヤマト政権は、北部九州、朝鮮半島南部の伽耶《かや》諸国、百済へと続く海上のルートを活用して、文物のやりとりをしていた。その推進役が、物部氏や物部系氏族であった。

大和岩雄は、継体朝の物部連父根や穂積臣押山らに随行した者たちが、百済の女性と結ばれ生まれ落ちたからではないかと見ている。そして、物部系氏族と信濃の関係が深いこと、欽明紀に登場する倭系百済官僚八人のうち、四人は物部氏、二人が「科野氏」であることに注目して、科野氏と物部氏の深いつながりを推測した。

河内にもあった善光寺

物部氏と信濃のつながりは、長野にある「善光寺」が河内にも存在していることからもはっきりとする。

河内の藤井寺市は、百済系渡来氏族の葛井氏が住んでいた場所だが、葛井氏が建てた葛井寺から北へ一キロほど行ったところに、小山《こやま》善光寺がある。いまは小さな境内が家並に埋もれているが、その門前の石標には、「日本最初　善光寺如来」とある。

小山善光寺は、本田善光が仏像を信濃に持ち帰るとき、滞在したところという。ゆえに「元善光寺」と呼ばれている。信濃に善光寺が建てられる前に、この寺はすでに存在していたのだろうか。

この一帯の古い地名は長野郷だが、馬に関わりの深い長野氏と百済系の葛井氏と善光寺が、接点をうかがわせる。河内の善光寺には「百済寺」という呼び方もあるから、この一帯に住んでいた百済系渡来氏族と、長野氏、物部氏、そして善光寺の関係は、やはり密接である。

さらに、物部守屋の地元である大阪府八尾市の東端にも「元善光寺」(垣内《かいち》善光寺)がある。ここにも、本田善光が信濃に帰る途中に寄ったという伝承が残されている。ちなみに、垣内の善光寺から直線距離で三キロあまりの地点に、「信濃には有名な霊場がない」といった命蓮聖が修行した信貴山《しぎさん》がある。

このように、断片的な伝承しか残されていないが、河内で建てられた善光寺が、信濃へと移っていったのは間違いないだろう。

また、葛井寺の近くには、応神天皇陵があるが、この古墳は「誉田御廟山《こんだごびょうやま》」ともい

小山善光寺の門前の石標

応神天皇陵

う。この一帯の地名は「誉田」である。本田善光の「ホンダ」の名は、この「コンダ」をヒントにしてつけられたのかもしれない。

物部氏が信濃に目をつけた理由

それにしても、なぜ物部氏は、信濃に関心を示し、信濃とつながっていったのだろう。最大の要因は、「馬の飼育」だろう。

五世紀後半から長野盆地では、無数の小規模な積石塚《つみいしづか》古墳が造営されるが、長野市松《まつ》代《しろ》周辺にその密集地帯がある。総数は約九〇〇基におよび、高句麗系や百済系の渡来人のものと目されている。いわゆる扶余《ふよ》系の騎馬民族の末裔が、この地に入植していたのだ。

のちに継体天皇となる男大迹《おおどのおおきみ》王は、ヤマト政権側から求められ、越《こし》から畿内に入るが、この人物も「馬」とつながっている。継体天皇は、まず樟葉《くずは》（大阪府枚方市の北端）に拠点を構える。淀川を使えば、すぐに瀬戸内海に出られる水運の要衝《ようしょう》で、宮にふさわしい土地だった。男大迹王が「船」を重視していたことがわかるが、もうひとつの要素を忘れてはならない。

即位を躊躇《ちゆうちよ》する男大迹王に遣わされたのは、河内馬飼首荒籠《うまかいのおびとあらこ》だった。そして、樟葉のまわりには牧《まき》が存在し、「楠葉牧」は、中世摂関家の最大の牧に発展していく。

継体天皇は、「船と馬」を重視した王だった。

継体天皇の子である安閑《あんかん》天皇の時代には、『日本書紀』に難波の大隅島《おおすみのしま》に牛を放ったという記事が載る。大隅島は、淀川の河口域に位置し、その地名からも隼人《はやと》との関連が疑われる。隼人は「騎射をよくする」人たちで、馬と強く結ばれていた。馬は、川岸から船を引くために用いられる。そのため淀川流域で飼われたのだろう。

ヤマト政権は、継体天皇の時代から大きく発展し、次の段階に向かっていた。この改革事業は六世紀から七世紀にかけて蘇我氏や天武天皇に継承されていくが、最終的には陸路をいかに活用することができるかが、大きな課題になっていった。国家を発展させるために、陸運の中心になる馬をどれだけ増やせるかという段階に入っていたのである。

馬の文化が日本に流入したのは五世紀ごろと考えられている。古墳に馬具が埋納されはじめた時期は、一部の高貴な人間が馬に乗っていたのだろうが、それからあっという間に、馬の文化は普及した。後期古墳に、馬具を埋納する例が、急増したのだ。

中国では、馬具ではなく、そのミニチュアを埋納するが、日本では、「馬具そのもの」を埋納した。一気に馬が実用品になっていった。

また六世紀、全国レベルで、古墳に副葬される甲冑《かっちゅう》の数が激減し、代わって大型化した直刀《ちょくとう》や馬具が増えている。これは、戦闘方式が装甲《そうこう》歩兵から騎馬兵へと変化したからだろう。

ヤマト政権の中心に立っていた物部氏が、騎馬文化を積極的に受けいれ、信濃の地で馬を飼育しようと目論んだことも、自然な流れだったにちがいない。そして、だからこそ、物部氏の後押しを受けた多氏や渡来系氏族たちが、五世紀後半ごろから、信濃の地に積極的に進出したのだろう。

第二章　諏訪信仰の深層

いくつもの文化圏に分かれる長野県

善光寺と並んで、信濃を代表する霊場といえば、信濃国一宮《いちのみや》の諏訪大社である。

序章でも触れたように、善光寺と諏訪大社は「タケミナカタ」や「物部氏」という共通項でつながっているが、とはいっても、「北信《ほくしん》」の長野市にある善光寺と、「南信《なんしん》」の諏訪湖周辺にある諏訪大社は、まったく異なる文化圏に属している。

長野県は、大きく四つの地域に分かれる。長野市を中心に水内、更級《さらしな》などを含む北信地域、松本市を中心に安曇野《あづみの》市、木曽《きそ》などを含む中信《ちゅうしん》地域、上田《うえだ》市、小諸《こもろ》市、佐久《さく》市などを含む東信《とうしん》地域、諏訪湖周辺から、飯田《いいだ》市、伊那などを含む南信地域である。

他県から見やると、長野県民は一枚岩のように思える。県歌「信濃の国」は県民なら誰でも歌えるそうで、郷土愛に染まっているかのように見える。ところがひとたび当地で長い時間を過ごしてみると、地域ごとのむき出しのライバル心の強さに驚かされるのである。むしろ地域の独立性が強いから、ひとつにまとめるための県歌が求められたのであろう。

長い歴史を見ても、信濃国の時代からひとつのまとまった地域ではなく、分立して覇《は》を競っていた。

とくに諏訪の一帯には土着の「縄文的な文化」が濃厚に残り、中世に至るまで仏教を受けつけなかった。縄文時代、この一帯が黒曜石の産地だったこと、黒曜石を各地にもたらすことで、富を蓄《たくわ》え、「縄文の楽園」を築きあげていたということだろう。この「長野県（信濃）の特殊事情」を知っておかないと、諏訪大社の深層を理解することはできない。

さて、現在の長野県が成立したのは、明治九年（一八七六）だ。「長野県」の名が生まれたのは、旧善光寺領の長野村に県庁が置かれたことに起因する。昭和三十年代に入ると、県庁舎を松本に移そうとする運動が持ちあがり、大騒ぎになったりもした。長野市は「門前町」で信仰の町。かたや松本市は松本城を擁《よう》する「城下町」であったから、政治の中心という自負があったのだろう。

広い県域を有し、新潟、群馬、埼玉、山梨、静岡、愛知、岐阜、富山といった八つの県に接している。周辺のさまざまな文化と交流し、影響を受ける一方で、二〇〇〇～三〇〇〇メートル級の高山に囲まれ、いくつもの盆地に分断された地理から、独自の文化を守りつづけた。

　県内のそれぞれに異なる歴史や文化は、各地域への流通ルートの違いという視点から考えなければならない。河川でいえば、長野市は、北へ流れる全長三六七キロの千曲《ちくま》川（信濃川）水系文化に属し、諏訪湖周辺は、南へ流れる全長二五〇キロの天竜《てんりゅう》川水系文化に分かれる。つまり同じ県のなかに、日本海側に開いた土地と太平洋側に開いた土地がある。

　さらに、東西日本を二分する文化の境界線が関ヶ原だけではなく、長野県内にも存在する。民俗学から見ると、サケとブリ、イロリとカマドといった東西文化圏の境界線が長野県内を走っているという。

　塩尻《しおじり》峠（塩嶺《えんれい》峠）は交通の要衝《ようしょう》だが、これを境にして中信地域と南信地域が隔《へだ》てられている。中信の木曾と南信の伊那は、同じ山脈の西と東であるのだが、関東在住の人から見れば、木曾は遠く感じられるし、関西在住の人から見れば、伊那は遠く感じられるのではないだろうか。塩尻峠とそれにつらなる山脈は、東西の境界線かもしれない。

　信濃には、弥生時代より東海地方から新たな文物が流れこみ、土着の文化と融合していった。古墳時代に至っても、天竜川をさかのぼる伊那谷ルートを経由して、近畿や東海から土器が流れこんだ。とくに東海西部系土器が県内に広まっていくが、信濃はしだいに、西日本から東日本へ抜ける文物の通過点となっていく。長野県は東西、南北の交差点の役目を負ってきたのである。

さまざまな形式の古墳

弥生時代の信濃に稲作がもたらされると、富の格差が生まれた。これにともない、本格的な埋葬文化も流れこむ。弥生時代前期に畿内で生まれた「方形周溝墓《ほうけいしゅうこうぼ》」が、中期後半に伝わり、後期に全域へ広まったが、一方で、いまの飯田市を中心とする天竜川流域に多く集まっていた。

三世紀になると、北陸系の土器が北信に、東海系の土器が南信に流れこんだ。やがて東海系の土器が、北信にも進出している。東海地方から来た人たちが移動してきたのだろう。長野市周辺では、まず前方後方形の周溝墓が造られた。

古墳時代になると、全域で「前方後方墳」が造営されていく。姫塚《ひめづか》古墳（長野市）、瀧《たき》ノ峰《のみね》古墳（佐久市）、代田山《しろたやま》狐塚《きつねつか》古墳（飯田市）、弘法山《こうぼうやま》古墳（松本市）などが知られる。
四世紀半ばの造営と考えられる弘法山古墳は、全長六三メートル、竪穴式石室から四《し》獣鏡《じゅうきょう》、銅鏃《どうぞく》、鉄斧《てっぷ》が出土し、墳頂《ふんちょう》部から東海西部系の土器が見つかっている。

前方後方墳は、三世紀の近江に誕生し、伊勢湾沿岸に広まると、前方後円墳よりも早く、東国に伝わった。ただし、松本市や佐久市周辺では、このあと古墳が造営されなくなる。どうやら、地域をたばねる首長の系譜が途切れたようだ。

これに対し、長野市周辺では、ヤマトから伝わった「前方後円墳」が築かれるようになる。四世紀前半に造られた川柳《せんりゅう》将軍塚《しょうぐんづか》古墳（長野市）は全長九三メートルある。

また、四世紀末に造られた地域最大の森将軍塚《もりしょうぐんづか》古墳（千曲市）は、全長一〇〇メートル。標高四九〇メートルの尾根にあるので、善光寺平が一望のもとだ。ここの竪穴式石室は日本最大級だが、地形の制約を受けているために、後円部がいびつな形をしている。

五世紀に入ると、中郷《なかごう》神社古墳（前方後円墳）が、五世紀末～六世紀初頭には越《こし》将軍塚古墳（円墳）が築かれる。

山の尾根に造られ、見晴らしのよい森将軍塚古墳

これらの古墳群が、千曲川の両岸に造営されていることから、一帯を支配する首長が千曲川を挟んで交代していたのではないかと考えられている。

千曲市の更埴条里《こうしよくじようり》遺跡や屋代《やしろ》遺跡は、千曲川東岸の自然堤防に守られるように存在し、大量の木製祭祀具や飛鳥時代から奈良時代にかけての木簡《もつかん》が見つかっている。古墳時代が終わったころから、ふたたび信濃の政治の中心地として注目されていくようだ。

積石塚《つみいしづか》古墳と科野国造

信濃の歴史が大きく動き出すのは、五世紀後半である。

長野盆地でも、しだいに前方後円墳の規模は小さくなり、六世紀初頭には造営されなくなってしまう。それと反比例するようにして、五世紀代からは「積石塚《つみいしづか》古墳」が無数に出現する。積石塚古墳は、高句麗《こうくり》系渡来人の墓と見られている。彼らは騎馬民族であり、周辺に牧《まき》が営《いとな》まれ、馬が飼われるようになった。

ここで、南部にも変化が起きる。五世紀後半の下伊那地方に、前方後円墳が出現したのだ。それが、天竜川西岸の兼清塚《けんせいづか》古墳（飯田市）である。全長六四メートル、副葬品は中央政権とのつながりを感じさせるもので、武具が目立ち、当時の日本列島のなかでも、軍事的な色彩の強い特別な地域となっていった。しかも、他地域からの土器の流入が見られないため、土着勢力が勢いを増していた可能性も高い。

ただしこの時代、日本各地で首長層の入れ替えが起きていて、それはヤマト政権内部に起きた地殻変動に連動しているのではないか、と考えられている。

『日本書紀』には、第二十一代雄略天皇の時代（五世紀後半）、大きな政変が起きていたと記され、また『宋書』の「倭国伝」には、倭王武《ぶ》（雄略天皇だろう）が上表文《じようひようぶん》のなかで、日本各地を平定したといっている。実際に征服戦だったかどうかは断定できないが、大きな変化があったことは間違いない。

また、北信にも変化があった。五世紀前半の鎧塚《よろいづか》古墳（須坂市《すざかし》）は積石塚古墳だが、これが「河内《かわち》」とつながってくる。四世紀末、河内国からヤマトへと抜ける道のわきに造られた茶臼山《ちやうすやま》古墳（大阪府柏原市《かしわらし》）には、高句麗の積石塚の様式がそっくり移入されていて、この時期に高句麗や百済の騎馬系渡来人が河内に住みついたことがわかる。彼らはその後、ヤマト政権の意向を受けて、馬の飼育に適した信濃に移住したのだろう。

五世紀後半になると、大室《おおむろ》古墳群（長野市松代《まつしろ》）が登場し、積石塚古墳群のなかで最大の規模を誇ることとなる。五つの支群に五〇〇基の塚が造られ、そのなかの八割が積石塚だった。この発展の様子を見ても、五世紀後半にヤマト政権内部の変化があって、地方に何かしらの影響をおよぼしていたことが透けて見える。

六世紀に入ると、天竜川の上流に向かって、三〇基以上の前方後円墳が造営されていく。しかも、横穴式石室《よこあなしきせきしつ》を備えていた。小さな地域ごとに、それぞれの前方後円墳が造られていったというイメージだ。ただし六世紀末になると、前方後円墳はこの一帯で造営されなくなる。その代わりに、長野県全体に馬具などの先進の文物が広まっていったのである。

じつは、「科野国造《しなののくにのみやつこ》」の祖と諏訪大社下社《しもしゃ》の「大祝《おおほうり》」の祖も、六世紀になってから伊那から乗りこんできたようだ。つまり、五世紀後半ごろ伊那に進出し、六世紀に北部へ勢力圏を広げたのが、科野国造の祖だった。彼らもまた、河内から来たのかもしれない。

七世紀前半、下伊那で顕著だった馬具の副葬という文化も、しだいに諏訪や山梨県の甲府盆地へと移動していく。また、横穴式石室を備えた前方後円墳の文化も、諏訪や小県《ちいさがた》（上田市周辺）に広がった。下伊那だけでなく、信濃の広い範囲に、有力な首長が登場していった。

「むかしむかし」といえば、雄略天皇の時代

五世紀後半にヤマト政権内部に地殻変動が起こったが、それは同時に新時代の幕開けでもあった。その動力の役目を果たしたのが、雄略天皇である。岸俊男《きしとしお》も『日本政治社会史研究（上巻）』のなかで、古代の人たちは雄略天皇の治世を歴史の転換期とみなしていたとし、いくつかの理由をあげている。岸俊男の見方を追ってみよう。

『万葉集』の第一巻目は、雄略天皇の歌から始まっている。それ以前の天皇の歌をあと回しにして、なぜ雄略天皇の歌が巻頭を飾ったのだろう。

不思議なことに、「雄略天皇を最初に語る」スタイルは、『万葉集』だけではない。平安初期に薬師寺の僧の書いた仏教説話集『日本霊異記《にほんりょういき》』でも、冒頭に雄略天皇（第二十一代）の説話が載せられている。これに続く第二話が六世紀半ばの欽明朝（第二十九代）、

第三話が敏達朝（第三十代）、第四話が推古朝（第三十三代）だから、雄略天皇だけが隔絶されており、欽明天皇とのあいだにいた七代の天皇の時代、およそ六〇年が飛ばされている。

「浦島伝説」も、雄略天皇と関わりが深い。『丹後国風土記《たんごのくにふどき》』逸文《いつぶん》には「浦嶋子《うらしまこ》」の説話が載るが、ここには「長谷朝倉宮《はせのあさくらみやに》　御　宇《あめのしたしろしめし》　天　皇《すめらみことの》（雄略天皇）御世《みよ》」とあり、『日本書紀』雄略二十二年条にも、丹波国の浦嶋子の話が出てくる。

さらに、『日本書紀』は、新しい儀鳳暦《ぎほうれき》と古い元嘉《げんか》暦の二つの暦を用いて記されている。これが切り替えられるのが、巻十四の雄略紀からで、ここにも時代の節目を読みとることができる。

また、『新撰姓氏録《しんせんしょうじろく》』に載る多くの氏族の氏祖伝承は、雄略天皇の時代に求められている。

以上から、岸俊男は次のように指摘している。

「「むかしむかし」の「昔」に対して、まず雄略朝を想定することが当時の人々に普遍的であったためと考えられる。……（中略）……『日本書紀』の編纂過程において雄略朝が画期とされたのは、単に偶然にその時期が選ばれたのではなく、画期とされるべき十分な背景があったからであろう」

『日本書紀』には、雄略天皇はクーデターを起こして玉座を得たと記録されている。数々の制度改革が、この時代に始まっていた可能性が高い。考古学の成果からも、五世紀後半に日本列島全体で大きな地殻変動が起きていたことを明らかにしている。そして信濃の歴史もまた、五世紀から六世紀にかけて、大きく動いた可能性が高い。

上社《かみしゃ》と下社《しもしゃ》

ここまでわかったところで、いよいよ諏訪大社に目を向けよう。

諏訪大社は、最初は違う名で呼ばれていた。『日本三代実録』貞観《じょうがん》七年（八六五）の条に「健御名方富命《たけみなかたとみのみこと》神社」とあり、『延喜式《えんぎしき》』の「神名帳《じんみょうちょう》」のなかでは「南方刀美《みなみかたとみ》神社」とある。

その後、「須波社」「すわのみや」「諏方神社」「諏訪大明神」などの名で呼ばれるようになった。スワの表記も、「諏方」「須波」「州羽」など定まっていなかった。

諏訪大社は、大きく「上社《かみしや》」と「下社《しもしや》」に分かれる。諏訪湖の南側には、上社の「本宮《ほんみや》」（諏訪市中洲）と「前宮《まえみや》」（茅野《ちの》市宮川）があり、また北側には、下社の「秋宮《あきみや》」と「春宮《はるみや》」（ともに下諏訪町）がある。つまり、これら四カ所を合わせて諏訪大社だ。

祭神は、微妙に異なっている。上社の祭神は「タケミナカタ」と「ヤサカトメ」（八坂刀売神）で、ヤサカトメはタケミナカタの妃《きさき》とされている。

一方の下社の祭神は、ヤサカトメとコトシロヌシ（八重《やえ》事代主神）で、コトシロヌシはタケミナカタの兄に当たる。本来はヤサカトメ一柱だけを祀っていたと考えられている。

諏訪大社が上・下社からなりたつことを記録した最初の記事は、『吾妻鏡《あづまかがみ》』の治承《じしよう》四年（一一八〇）条である。初期の段階では、上社と下社は別の社だったのだろう。

下社では、祭神が半年ごとに居場所を変えるというように、春宮と秋宮は同格にあつかわれているが、上社の場合、本宮は本宮であって、前宮はその前宮である。上・下社

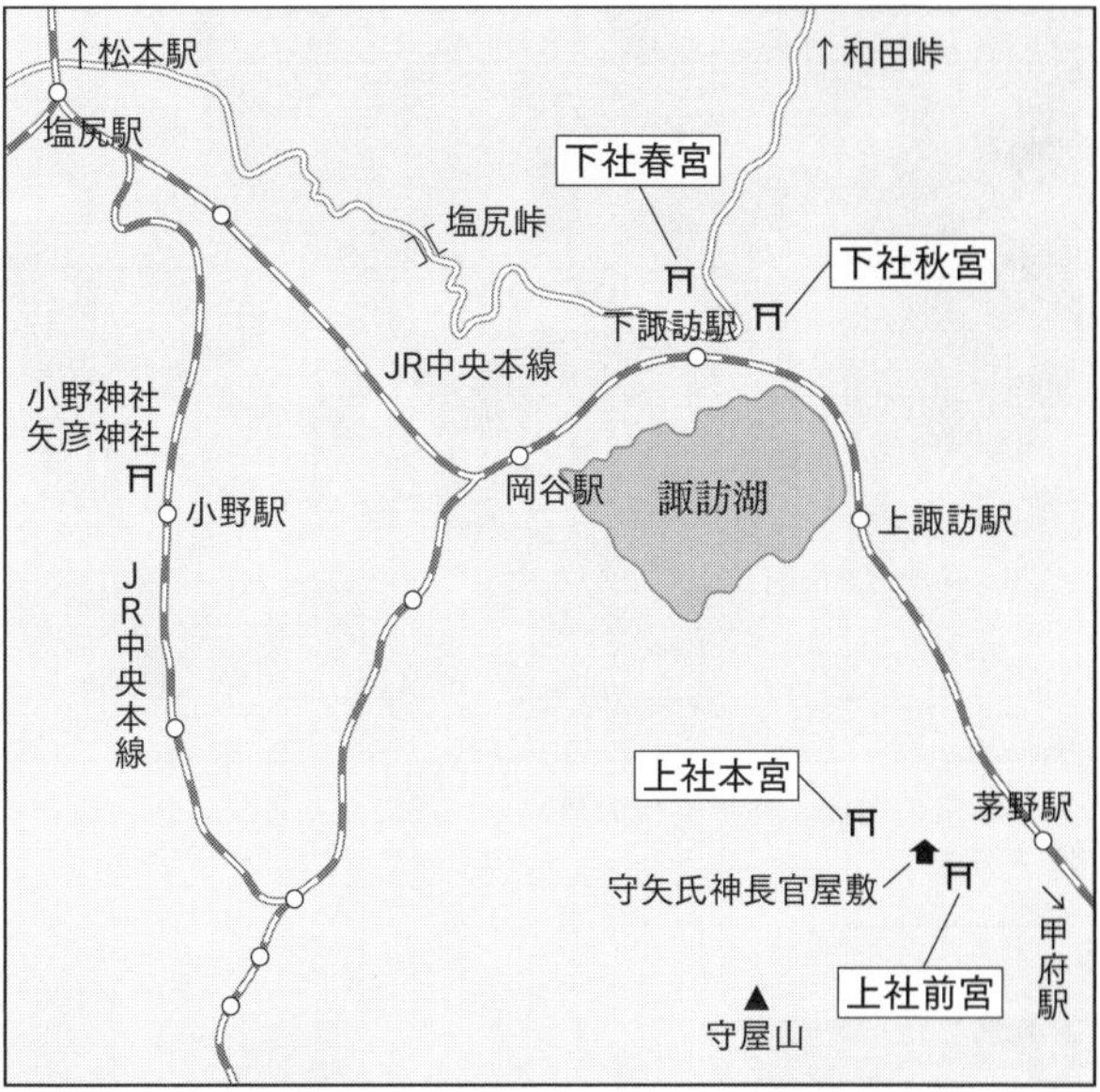

諏訪湖と四つの諏訪大社

諏訪大社の神紋である梶（かじ）の葉を用いた美しい意匠

上社本宮の布橋。江戸時代の建物で、雨にかからずに各社殿を参拝できる

上社前宮

は、成立に至る歴史も異なるようだ。

諏訪大社の神職の長が「大祝《おおほうり》」だが、これも上・下社で祖が異なる。上社の大祝は「神別《しんべつ》」と呼ばれ、祭神タケミナカタの末裔である。一方の下社の大祝は「皇別《こうべつ》」といい、天皇家の末裔と信じられている。上社の地域の人々が、「下社はヤマト」といっているのは、このような事情による。下社にタケミナカタが祀られなかった理由も、このあたりにあるのだろうか。

科野国造の支配下に、諏訪だけはなかなか入ろうとはせず、この地域に仏教寺院が登場するのは鎌倉時代まで下らなければならない。長野県下に多くの渡来人が移住しているのに、この地域だけは、バリアを張って侵入を阻止していたようなのだ。

上社の大祝に次ぐ神官が、「神長《じんちょう》（神長官）」である。タケミナカタの「諏訪入り」に抵抗したという「洩矢神《もりやのかみ》」の末裔、守矢《もりや》氏がつとめてきた。

ちなみに、『古事記』は、タケミナカタが「州羽海《すわのうみ》（諏訪湖）に逃れた」と記すが、神社にまつわる記事はない。『日本書紀』の持統五年（六九一）八月条に、はじめて「信濃国須波神」の名で登場している。また、『先代旧事本紀』には、オオナムチ（大己貴神）

とヌナカワヒメ（高志沼河姫《こしのぬなかわ》）のあいだに生まれた子がタケミナカタで、「信濃国諏方郡諏方神社に祀られる」と記されている。

下社の大祝は長いあいだ、金刺氏《かなさし》がつとめていた。いわゆる金刺舎人氏である。『阿蘇系図《あそけいず》』には、神武天皇の第二子であるカムヤイミミの子に金弓君《かなゆみのきみ》がおり、欽明天皇の時代、金弓氏は舎人となって供奉し、「直《あたい》」の姓《かばね》を与えられ、科野国造に任命されたと記される。

もっとも、この『阿蘇系図』は偽書とする説が、ほぼ定説になっているため、カムヤイミミから続く系譜をすぐに信じるわけにはいかない。

しかし、『日本三代実録』貞観五年（八六三）九月五日条には、「信濃国諏方郡の金刺舎人貞長」の名があって、「大朝臣《おおのあそみ》」の姓を下賜されたといい、「神八井耳命（カムヤイミミ）の苗裔《びょうえい》」と記録されている。

すると、やはり金刺氏は、カムヤイミミの子の金弓君の流れをくみ、「多氏《おお》」ともつながっていると考えてよさそうだ。こういった氏族が、科野国造をつとめ、諏訪大社下社の長をつとめてきたのである。

東国第一の軍神

諏訪大社は、信濃国一宮として名を馳せる大社ではあったが、古くから「武の神」と見なされていたようだ。たとえば、十四世紀なかばに成立した諏訪大社の縁起『諏訪大明神画詞《えことば》』（ただし絵巻は散逸《さんいつ》してしまった）には、「伝え聞くところによれば、諏訪大明《だいみよう》神《じん》は東国第一の軍神」とある。

祭神タケミナカタは、神話世界では「西から逃げてきた神」である。それが、「東国第一の軍神」となったのだから、歴史の流れというのはおもしろい。

『諏訪大明神画詞』は、「蝦夷征討《えみしせいとう》」の成果を持ちだしている。

延暦《えんりやく》二十年（八〇一）、征夷大将軍《せいいたいしようぐん》・坂上田村麻呂《さかのうえのたむらまろ》が奥州に向かうが、このとき伊那郡と諏訪郡の境の大田切《おおたぎり》で「諏訪大明神」に迎えられたのだという。そして、坂上田村麻呂は神助を得て、軍務を完遂《かんすい》できたというのである。

評判は都にもとどろき、嘉祥《かしよう》三年（八五〇）に従五位上《じゆごいじよう》の神位を与えられると、翌年には従三位《じゆさんみ》、天慶《てんぎよう》三年（九四〇）に正一位《しよういちい》までのぼりつめた。八坂刀売神（ヤサカトメ）も従一位となっている。

『諏訪大明神画詞』には、坂上田村麻呂の蝦夷征討を助けたことのほかにも、数多くの諏訪大明神の活躍が伝えられている。すなわち、神功皇后《じんぐうこうごう》の三韓《さんかん》征討に際し、住吉明神とともに海を渡ったことや、源　頼朝《みなもとのよりとも》の旗揚げに際し、夢告《むこく》をおこない、甲斐源氏《かいげんじ》の勝利に貢献したこと、また元寇《げんこう》の危機の際には龍神となったことだ。

どの説話でも武神の側面が強調されていて、だからこそ朝廷に重視されたのだろう。

神木と薙鎌《なぎがま》

諏訪大社の祭祀の大きな特徴は、何といっても太古《たいこ》の信仰を濃厚に残していることだ。そのひとつの例として、上・下社とも神社の本殿がない。正面にある立派な建物は拝殿で、上段に神が鎮座し、中段に宝殿《ほうでん》と贄《にえ》を供《そな》える場が用意されていた。

また、社背林《しやはいりん》を「神体山《しんたいさん》」として崇《あが》め、とくに上社では、その奥に「守屋山《もりやさん》」がひかえている。下社の場合は、山ではなく「木」を神実《かみざね》にしていた。いずれにしても、「自然そのものが神」という発想に貫かれていたのである。

諏訪大神《おおかみ》と「岩」や「木」は強く結ばれている。つい先だってまで、上社本宮の奥に

霧の合間に姿を見せた守屋山

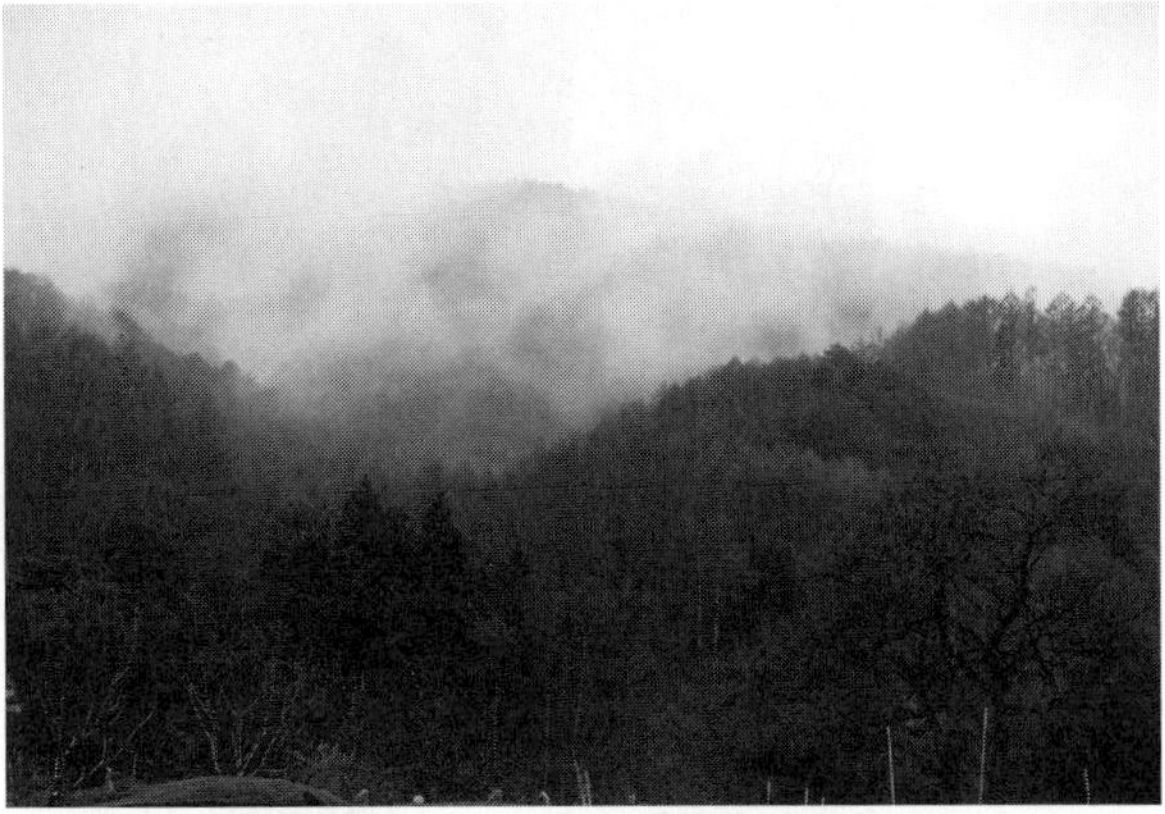

上社本宮の磐座「硯石」。頭のくぼみに水がたまって、硯のように見えるという。拝殿と神饌所を結ぶ渡り廊下（脇片拝殿）の上方にあり、守屋山から降りる神の依代と思われる

上社前宮手前の広い斜面の一角にある溝上社。タケミナカタの母、ヌナカワヒメを祀っている。後方に小さな池があって、古くより祭祀がおこなわれていたのだろう。周囲には、古墳が数基確認できる

上社本宮の「二の御柱」

茅野市神長官守矢資料館の柱に付けられた「薙鎌」。鳥のように見えるが、蛇体とも考えられている

ある硯石《すずりいし》などの「七石《しちいし》」、峯《みね》タタエなどの「七木湛《しちぼくたたえ》」を神聖視する風習が残されていた。

そして、諏訪信仰のシンボルともいうべき祭器に「薙鎌《なぎがま》」がある。これは、風の信仰をあらわしたものとも、魔除《まよ》けともいわれ、諏訪から長野県各地に伝わっている。

諏訪大社を代表する祭り、「御柱祭《みはしらさい》」（通称は「おんばしら」）でも、「御柱《おんばしら》」に選ばれた神木には、この薙鎌を打ちつける。

御柱祭は、寅《とら》年と申《さる》年の七年（数え）ごと、それぞれの社殿の四隅に御柱を立てる儀式である。上社は祭りの一年前に、下社では二年前に御柱の見立てをおこない、薙鎌を打ちつけ、祭りの年にそなえる。そして、年が明けると伐採された御柱は、地域を曳行《えいこう》され、社域に運ばれる。道中、御柱が崖地を人もろとも転げ落ちる勇壮な場面（木落《きお》とし）があるが、ニュースなどでご覧になった人も多いだろう。

この祭りの由来は、『諏訪大明神画詞』によると、第五十代桓武《かんむ》天皇のころ、朝廷が信濃の国司に命じて始めさせたとあるが、はっきりとしたことはわからない。

上社の縄文的な祭り――蛙狩《かわずがり》神事と御頭祭《おんとうさい》

御柱祭ばかりが注目されるが、諏訪大社には、よそにはない不思議な祭りが多い。ちなみに、上社は狩猟民的で、下社は農耕民的だといわれている。そのなかでも、上社の風変わりな祭りに、元日におこなわれる「蛙狩《かわずがり》神事」と、四月十五日（旧三月酉《とり》の日）から始まる「御頭祭《おんとうさい》」（酉の祭、大御立座神事《おおみたてまし》）がある。この二つは、どう考えても縄文的な祭りなのである。

そのひとつ蛙狩神事は、諏訪七不思議のひとつに数えられる。本宮前の御手洗川《みたらしがわ》の氷を割って、冬眠している蛙二匹を捕《つか》まえると、柳の小弓、篠竹《しのだけ》の矢で射抜《いぬ》く。矢串に刺さったままの蛙は、新年の生《い》け贄《にえ》として神前に捧《ささ》げられ、五穀豊穣《ごこくほうじょう》を祈るというものだ。何が不思議かというと、氷を割ると必ず蛙が捕まるからだと『諏訪大明神画詞』に記されている。

また同じ日、「御占之神事《みうらのしんじ》」がとりおこなわれる。この神事では、「御左口神《みさぐちしん》」の心霊を招き「十五歳の童男《どうなん》」が「神使《かんづかい》」（「おこう」とも）として、占いで定められる。

ここで選ばれた神使は、次の御頭祭に登場し、重要な役割を担う。御左口神は、「ミシャグチ」である。

御頭祭は、上社でもっとも重要な年中祭礼だろう。神使が諏訪大神の神霊を奉じ、内県《うちあがた》、外県《そとあがた》、小県《ちいさがた》に向かうためにとりおこなわれた神事である。猪や鹿、鳥などの禽獣《きんじゅう》を盛りつけ、魚を調理し、神使や大祝らが饗膳《きょうぜん》にあずかる。神長《じんちょう》は榊《さかき》をたばね結び、神の「御杖《みつえ》」として捧げ、うやうやしく神使に渡す。また大祝は、玉鬘《たまかつら》を結ぶと神使の首にかける。諏訪大神の心霊を、神使に託すのだ。

こうして神使は、馬に乗って出発する。かつてはこの神使が、悲惨な目にあったようなのだが、詳しい話は、のちに話そう。

ところで、この祭りでは、鹿の頭七五個を「十間廊《じゅっけんろう》」（間口三間、奥行き十間の建物）に並べ、神前に供えていた。これは氏人崇敬者《うじびとすうけいしゃ》らが献《けん》じたもので、血の滴《したた》る鹿の頭も捧げられたという。血を忌み嫌う「神道」とは明らかに異質である。また、肉食を忌み嫌っていた時代でも、御頭祭では肉食がおこなわれた。そのため、四つ足を食べることを許す御符《ごふ》「鹿食免《かじきめん》」を諏訪大社の御師《おし》（下級の神職）が売っていたのである。

ちなみに、狩人がとなえる「諏訪の勘文《かんもん》」というものがある。これは、前世の宿業《しゆくごう》で動物に生まれてきたのだから、それを殺して食べて、人の身に宿してやれば成仏できるという。

上社のみで祀られる御左口神《みさぐちしん》

御左口神、ミシャグチは、この地域に独特の神である。「ミサクチ」「ミシャグジ」「ミシャグウジ」「シャグシ」とも呼び、「御社宮司」「狭口神」「三社口神」「産護神」「尺神」などとも表記される。また、「石神《しやくじん》」がなまったのではないかとする説もある。

上社の大祝である「神氏《じん》」らに降り来たる地主神、精霊なのだという。タケミナカタの子らとされ、とくに国土開発に功のあった十三神を御左口神と呼んで祀ったともいうが、よくわからない。実際には、太古から守られてきた土着の信仰であろう。

御左口神は、諏訪大社信仰の中心的存在となっていて、これを祀るのは、洩矢神の末裔の守矢氏だ。守矢氏の「神長官屋敷」のすぐ裏側に、御左口神の総社である「御頭御《おんとうみ》

守矢氏の神長官屋敷。裏手に「御頭御社宮司社」が見える

御頭御社宮司社の全景

社殿に供えられた鹿の頭の骨。卵は、蛇神に供えたものだろうか

社宮司社《しやぐちしや》」がひっそりと祀られている。

典型的な御左口神の祭祀は、まず古樹があって、その根もとに祠《ほこら》が祀られ、ご神体として石棒や立石状の自然石、石皿や石臼《うす》などが納められている。

石棒は「男根」の象徴を、石皿や石臼は「女陰」の形状を連想させる。そのため、御左口神信仰は、長らく淫祠邪教《いんしじやきよう》（いかがわしい教え。性崇拝）で低俗と見なされてきたものだ。

しかしこの発想は、まったくの誤解で、後世の人の思いあがりというべきだろう。それは、神や精霊が樹木や岩石に宿るという、縄文時代から続いてきた古い信仰の貴重な痕跡《こんせき》である。太古の日本人がイメージしてきた「精霊（スピリット）」そのものなのだ。

それはともかく、長野県全体で御左口神を祀る社祠《しやし》は、六七五を数える。その信仰圏は長野県内にとどまらず、静岡県や愛知県、山梨県、岐阜県、三重県、そして関東まで広がっている。

また、上社の神事で再三登場するこの神は、下社の神事にはまったく姿をあらわさない。この事実も、無視することができない。やはり、下社は中央から新たに持ちこまれた信仰形態で、上社は土着の信仰を守ったものと考えるべきだろう。

だから、諏訪大社（とくに上社）が祀る神は、タケミナカタではなく、本当は御左口神ではないかと思えてならない。そうでなくとも、諏訪大社の祭りの中心に立つ神は、御左口神である。

「さなぎ」の正体

縄文文化と諏訪信仰の浅からぬ関係を強調してきた人物が、藤森栄一《ふじもりえいいち》である。諏訪を語るうえで、藤森栄一の名をはずすわけにはいかない。学閥に属さない在野の考古学者（郷土史家）であり、八《やつ》ケ《が》岳《たけ》山麓《さんろく》地域の地道な調査から、縄文人は狩猟だけを生業《なりわい》としていたわけではないと、「縄文農耕論」を展開したことで知られている。

時代を先取りしすぎていたがゆえに、存命中、史学界から特別高い評価を得ていたわけではない。だが、考古学の進展によって、再評価されたといういきさつがある。

藤森栄一の名著『銅鐸《どうたく》』には、いくつもの興味深い指摘がある。いうまでもなく、これはたんなる銅鐸の解説書ではない。

御頭祭で、御左口神に選ばれた神使は、神の御杖とともに巡幸に出るが、このとき「御宝《おたから》」も携《たずさ》えている。御宝は錦の袋に入れられているため、中身を確かめられないが、大きな鈴のようなものらしい。

ところが、諏訪大社伝世《でんせい》の「さなぎ（鉄鐸）」が、かつて神使の巡幸に使われた宝鐸《ほうたく》だったと伝わっていたため、藤森栄一は、御宝がこの「さなぎ」ではないかと疑った。そして、本来は御杖の先端に吊《つ》るしたのだろうという。

この「さなぎ」をめぐる謎解きが、諏訪大社の信仰とおおいに関わりを持ってくるのである。

序章で紹介した小野《おの》神社と矢彦《やひこ》神社にも「さなぎ」が現存し、「矛《ほこ》」にぶら下げる古態を残している。神代矛《かみよほこ》に白和幣《しろにきて》（木綿《ゆう》の幣《ぬさ》）が飾られ、そのなかに数個の「さなぎ」がぶら下がり、揺《ゆ》らすとからからと鳴る。このセットが、本来の姿と考えられる。

『諏訪大明神画詞』には「御宝を御杖にかける」と書かれているし、『古語拾遺《こごしゅうい》』の「天岩戸神話《あまのいわと》」の一節に、「鉄の鐸を作らしむ」「鐸《さなぎ》着けたる矛を持ちて」と書かれている。「さなぎ」が、矛に吊るして神事に用いるものであることは間違いない。

では、御頭祭の神使は、御杖に御宝を吊るして、何をしにいくのだろう。

神使は各地の御左口社で祭祀をとりおこなうのだが、この場所が「タタエ（湛）」である。「水を湛《たた》える」の「湛《たたえ》」だが、藤森栄一は、諏訪大社周辺に七種類の樹木の名をつけた「称木《たたえぎ》」の群れが存在することに注目している。

・桜タタエ（茅野市粟沢《あわざわ》）
・檀《まゆみ》タタエ（諏訪市真志野《しんしの》）
・峯《みね》タタエ（茅野市高部《たかべ》火焼《ひとぼし》山）
・檜《ひくさ》タタエ（茅野市玉川《たまかわ》）
・松《まつのき》タタエ（諏訪市神宮寺《じんぐうじ》上社本宮内今橋《いまばし》）
・栃《とちのき》タタエ（諏訪市四賀《しが》神戸《かむべ》北小路《きたこうじ》）
・柳タタエ（茅野市矢ケ崎《やがさき》）

「タタエ」を民俗学的にいうと、「祟《たた》り」や「依坐《よりまし》」のことで、巨木に神が宿る場所が

「タタエ」で、そこに寄り来たる神を、御杖と御宝（あるいは矛と鉄鐸）をもって祀るわけだ。

ところで、『銅鐸』のなかで藤森栄一が追っていた謎とは、なぜ日本各地で、銅鐸が弥生時代の後期から終わりにかけて、何もない場所に埋納され、捨てられてしまったのかである。その手がかりとして選ばれたのが、素材は銅と鉄と違ってはいても、形状のよく似た「さなぎ」だった。諏訪では「さなぎ」は地中に埋められず、「伝世《でんせい》」している。ならばその使い道を調べれば、銅鐸をなぜ地中に埋めて捨ててしまったのか、その理由がわかるのではないか、というのが藤森栄一の着想である。

そして、御杖と御宝でとりおこなわれる「タタエ」の祭祀にたどりつき、大きなヒントになった。

「銅鐸の埋められた山腹には独立巨木があったかもしれないというのである。そうとすれば、銅鐸の埋没が、どんなに奇想天外な位置であっても、一向に差支えないのである」（『銅鐸』）

これは、逆転の発想だ。現在、銅鐸が発掘される場所には、かつて聖なる巨木があって、聖地であったが、巨木が枯れ、朽《く》ちてしまうと、やがてただの場所になってしまったというわけだ。もっともな話である。

銅鐸埋納《どうたくまいのう》の謎解き

銅鐸も「さなぎ」も、はじめは鳴らして使う生活の道具だった。ところが、いつのころからか、神を祀るための祭具として用いられるようになった。その結果、銅鐸は巨大化し、鳴らすのではなく、置いて（あるいは吊るして）拝む宝器になった。

銅鐸やそのほかの青銅器が日本にもたらされたのは弥生時代に入ってからだが、弥生時代の終焉《しゅうえん》とともに、青銅器祭祀もなぜか姿を消す。

『扶桑略記《ふそうりゃっき》』には、銅鐸発掘にまつわる記事が載る。天智《てんじ》七年（六六八）正月十七日というから、天智天皇が大津宮（滋賀県大津市）で即位した直後のことだ。近江国滋賀郡で崇福寺《すうふくじ》を建てていたところ、「宝鐸」を掘りだした。高さは五尺五寸（約一六七センチ）。

百済人に見せても、宝鐸が何なのか、見当がつかなかった。夜になると、光る白い石も見つかった。

また、『続日本紀』和銅《わどう》六年（七一三）七月六日条に、大倭国《やまとのくに》宇陀郡《うだのこおり》で「銅鐸」が見つかり献上されたという記事がある。正史に「銅鐸」の文字がはじめて載ったのだ。高さ三尺、口径一尺で、用途は不明と考えていたようだ。

七世紀半ばから九世紀末にかけて、銅鐸は記録されているだけで「八つ」見つかっている。

問題は、弥生時代の終わりに青銅器が地中深く埋められてしまったことで、天智天皇の時代までには、その使用目的がわからなくなってしまったことだ。

そこで藤森栄一は、諏訪に伝世した「さなぎ」の使い方を見て、本来の銅鐸の意味を知ろうと考えたわけだが、彼が注目したのは、巨木と御左口神（石棒や石皿など）と「さなぎ」がセットになっている点だった。

こうして銅鐸の埋納地には、いまでこそ何の目印もないが、かつては巨木が存在したのではないかという、卓抜《たくばつ》した推理が導かれる。すなわち、銅鐸は最初のうち矛に吊るされていたが巨大化し、やがて不要になり、縄文時代以来の聖地である巨木のもとに埋納されたと考えた。

しかも、埋納された銅鐸のなかには、一部その表面に刻まれた絵画が抜きとられている例があった。その理由として藤森栄一は、それぞれの絵画に呪性がこめられていたことを示し、わざわざその「命」を抜きとってから、残りの部分を埋めたのではないかと推理した。けっして乱暴に処分されたわけではないのである。

これは、諏訪の神長守矢氏の自然神信仰に対し、大祝神氏《じん》がシャーマン的であることと関わりがありそうだ。すなわち、かつて木や石に降りていた神は、やがて人に降りるようになった。自然神から現身神《うつしみ》へと変化していき、その過程で銅鐸は埋納されていったということになる。

これで、銅鐸埋納の意味もはっきりとした。

けれども、藤森栄一の探求は、それでは終わらなかった。「思いつきではだめ」とみずからを戒《いまし》め、御左口神そのものに、その探求の矛先を向けていく。そして、諏訪信仰最大の謎ともいうべき御頭祭の真相にも迫っていくのである。

密殺された神使

藤森栄一は、御頭祭で起きた神使をめぐる悲しい話を、諏訪大社の周辺からいくつも集めている。

たとえば、上社の旧神楽大夫茅野《かぐらたゆうちの》氏の談話がある。それによれば、神使に選ばれた十五歳の童男のなかで、祭りのあと姿を見たことがない例がたくさんあった。どうも密殺されたらしい、という。

そのため、神使に選ばれる（元旦の日に、占いで選ばれる）ことを恐れて、前年の暮れに逃亡し、また、乞食や放浪者の子をもらい受けて、選ばれたときのための身代わりに育てていたというのである。

「馬鹿な、そんな話ってあるものか」と藤森栄一は驚くが、文献にも、怪しい記事が存在したことを思いだしている。

まず、『諏訪大明神画詞』のなかに、「妙《みょう》ちきりんな一条があった」という。やはり御頭祭の神使出発のところで、馬に乗った神使を、向こう側に突き落とすという話がある。

江戸時代の記録にも、神使を藤のつるで縛《しば》るという記述がある。前宮で七日間通夜《つや》をさせて、祭日に出して藤のつるで縛ると、馬に乗せ前宮の馬場を引き回し、「打擲《ちょうちゃく》の体《てい》をなす」という。「打擲」とは、殴り打ち、叩くことだ。

もっとひどい伝聞もある。百日の行をさせ、藤のつるで後ろ手に縛って馬に乗せるのだが、縛りあとが古傷となり、三年後に亡くなるという。神人《じにん》たちが地面を叩き、馬を暴走させることで、つるが食いこむのだ。

やはり、神使が痛い目にあったという話は、ひとつやふたつではなかった。

このような話が諏訪だけではなく、じつは能登半島の気多《けた》神社（石川県羽咋《はくい》市）にもある。神殿のなかで祀られている神を外に出し、神使に巡幸させ、各地で神降ろしをするが、このとき神使の乗る馬は、氏子らの待ち伏せを受け、青竹で叩かれた。馬が暴走して神使が落馬することがあるという。

藤森栄一は、この不可解で残酷な風習の理由を求めるべく、御左口神を探求している。神使を選ぶに際し、この神が大きな意味を持っていたからだ。

神使を決めるのは元旦だが、前宮の御室《みむろ》社で、大祝と神長だけでとりおこなわれる。

しかし、上社で最上位に立つ大祝は、はじめの申し立てをおこなうだけで、あとは神長が進めていく。ここでの主役は、意思を伝える御左口神と、神長である。ちなみに、御室社というのは、竪穴《たてあな》式住居の跡である。

神長は、藁馬《わらうま》に木製の剣先版《けんさきばん》を乗せ、その上に御左口神を招きよせる。神が憑依した奉書を竹柄《たけえ》の小刀子《こがたな》で刺しとめると、ススキの茎で作った「筮《ぜい》」で占う。こうやって当年の神使と神事に奉仕する六つの郷村を決める。御頭郷が決まると、早馬が出され、村々で御左口神を祀りはじめる。

神使は、氏人の家に順番にめぐってくる役目でもある。御頭祭や御頭郷の「御頭」は、当番のことである。

また、御占之神事で神使が決まったときから、御左口神は御室に封印され、神事が終わるまで神殿に入ることはできない。祀られる側だった神は、御室に封印されているあいだ、祀る側に回る。そして、この神にまつわる呪術の一切をとりしきるのが、神長の役目だ。

上社前宮の社頭。鳥居左手に見える長い建物が十間廊

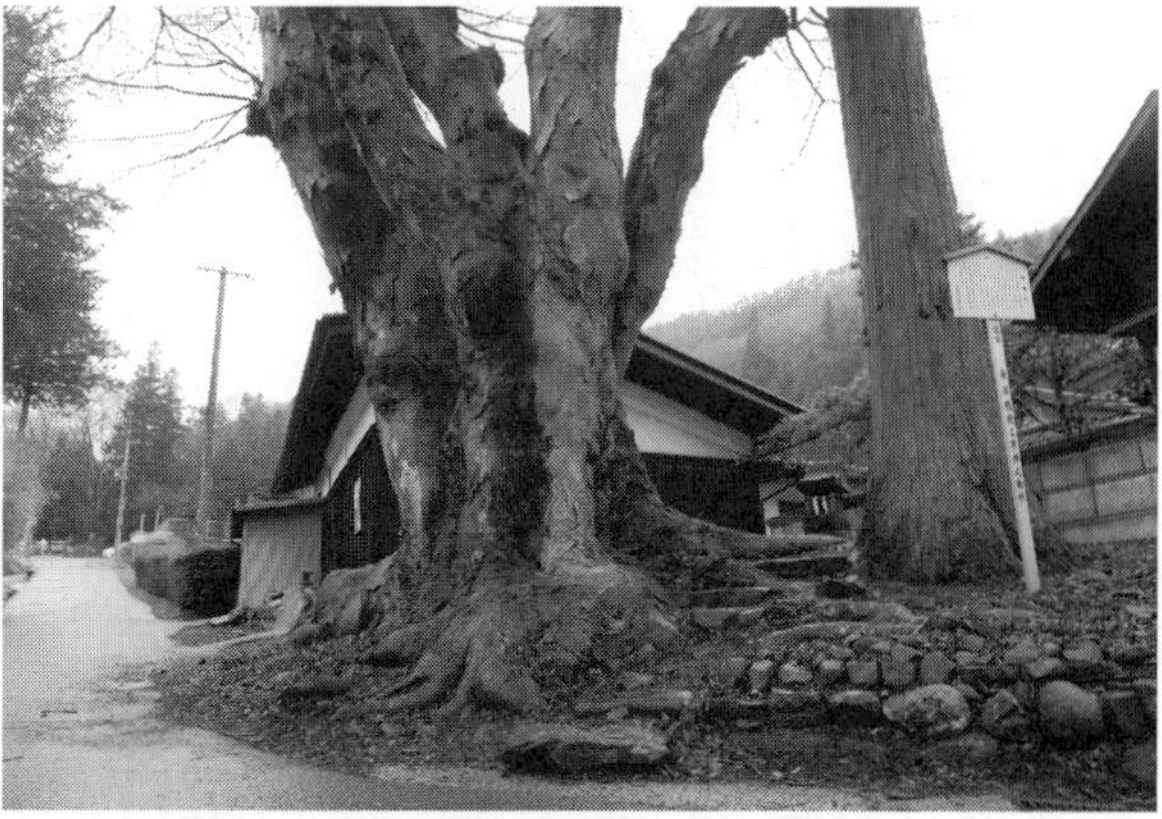

階段をのぼると、ケヤキの巨木の下に御室社がある

開く神

そもそも御左口神とは、どのような神なのか。なぜ神なのに、閉じこめられなければならなかったのか。神を祀り、その依代《よりしろ》となる神使は、どうしてこれほどまで乱暴にあつかわれなければならなかったのだろう。

すでに述べたように、御左口神のご神体は、石棒や石皿、石臼などで、そのため低俗でみだらな信仰と見なされていた。しかしそれには、ただ性への崇拝だけではなく、ほかの大切な意味がこめられていた。

アメノウズメ（天鈿女命）が、上の口と下の口（ホト、女陰）を開いて踊る場面がある。これを見た八百万《やおよろず》の神々も口を開いて笑い、不思議に思ったアマテラスは扉をそっと開く。その瞬間を逃さず、タヂカラオ（手力雄命）が岩戸を大きく開いて、この世に太陽が戻った。「天岩戸神話」の有名な一節である。

また、「天孫降臨」の場面で、葦原中国《あしはらのなかつくに》との境界に立ちふさがっていた「サルタヒコ（猿田彦神）」に向かってアメノウズメは「ホト」を見せて、道を開かせた。ちなみに、サルタヒコとアメノウズメは夫婦となる。

これらの神話のキーワードは「開く」である。吉田敦彦《よしだあつひこ》は『小さ子ハイヌウェレ』のなかで、次のように述べる。

「アメノウズメの行動が、ほとんどすべての場合において、鎖《とざ》されている口、入口、通路などを開く働きとして解釈されるということである」

つまり、アメノウズメは開かせる呪法を駆使していたという。

大和岩雄は、「開くこと」は「作」「咲」で、開かせる霊力が「シャグチ」「サクチ」であり、「ミシャグチ」を「御作（咲）霊」と推理した。「サケ（酒）」も、生命力を表出させる力を持ち、「サク」に通じる。

柳田国男《やなぎたくにお》は、「サカ（坂）」「サキ（崎）」「サク」「サケ」を同義と見なした。「サカ」「サキ」は境界をあらわし、ものごとが異質なものに変わる場所であり、空間と時間の違いはあるが、原理は同じだという。

各地の御左口社の祭神のなかで、もっとも多いのはサルタヒコで、次がアメノウズメだ。サルタヒコは道祖神《どうそじん》で「境界の神」であり、道祖神は「石神」でもあるから、石棒に宿る「シャクジン（御左口神）」と習合した。だから、開かせる呪術を使うアメノウズメと結ばれたと信じられたのだろう。

御左口神の祠の近くには、かつて「シャクジノ木」「ミシャグチノ木」とよばれる巨大な独立樹が屹立《きつりつ》し、こういった巨木が神の依代《よりしろ》となっていた。巨木と「開く神」（御左口神、石棒や石皿）と「さなぎ」は、セットであることがわかる。

さらにもうひとつ、御左口神にまつわる重要な宝器がある。それが、御符《ごふ》に捺《お》される「御宝印《ごほういん》」だ。その御玉会《おたまえ》（印影）は、諏訪大明神の神形《かんなり》だという。鹿の角で作られており、これを弥生時代からの伝世品と推理する藤森栄一は、諏訪大社の謎の数々をかかげたうえで、神長守矢氏について、以下のように指摘している。

「神長守矢氏は、御左口神自然信仰の司祭であり、一切の土地にたいする権限を所有していた。おそらくは縄文期ごろから弥生期へかけての祭政体であったろう。弥生式鹿角印を持って御符を発し、鉄鐸をもって、何かの誓約《せいやく》をした。おそらく、一番考えられる誓約は土地と農耕とにかかわるものであるのだろう。

その祭政の上にかむさったのが、じつに大祝《おおはふり》の主権だったのである」

諏訪の一帯は、平安末まで、仏教を拒絶していた。諏訪の盆地は異空間であり、古態がよく残る地勢上の優位性を保《たも》っていたのかもしれない。それにもまして、代々の神長によって「縄文以来継承されてきた祭政の力強さ」に、おののくほかはないのである。

記録されていた人身御供《ひとみごくう》

続く問題は、なぜ神使が乱暴にあつかわれたかである。

それにしても、筆者が気になってしかたないのは、出雲神話にある「ヤマタノオロチ（八岐大蛇）退治」だ。「さなぎ」や銅鐸と人身御供《ひとみごくう》が、スサノヲのヤマタノオロチ退治神話と、少なからぬ接点を持っているように思えてならないからである。

天上界（高天原《たかまのはら》）で乱暴狼藉を働いたスサノヲは、そこを追放され、出雲国（島根県東部）の「簸《ひ》の川（斐伊川《ひいかわ》）」の上流に舞いおりてくる。

老夫婦が、ひとりの少女をなで慈《いつく》しみながら泣いているので、スサノヲが理由を尋ねると、彼らは国神《くにつかみ》で、童女は「クシイナダヒメ（奇稲田姫）」といった。夫婦には八人の娘がいたが、年ごとにヤマタノオロチに呑《の》まれてしまい、最後に残ったひとりが、クシイナダヒメだった。これもまた、呑まれてしまうという。そこでスサノヲは、「娘を助けたら、われに献上する気はないか」と提案し、ヤマタノオロチを退治してしまったのである。

この神話、太古の「人身御供」（いわば人柱）を説話化していることは間違いない。そして、ヤマト建国の直前に、スサノヲは人身御供の風習をやめさせたのであり、ここに銅鐸埋納の時代との一致を見るのである。

人身御供といえば、「魏志倭人伝」に、よく知られた記事が載る。

倭国から使いが海を渡ってやってくるとき、いつもひとり選んで、髪をとかさず、シラミを捕らず、服も洗わず、肉を食わず、女を近づけず、まるで葬ったかのようにする。これを「持衰《じさい》」という。もし旅が順調に終われば、持衰に奴婢や褒美《ほうび》をやる。もし途中、病人が出たり暴風雨に巻きこまれたりしたら、持衰が悪いということになり、殺そうとするのだという。

　これこそまさに、人身御供ではないだろうか。さらに、「ヤマトタケル（日本武尊、倭建命）説話」のなかでも、少し違う形で「人が死んで」いる。『日本書紀』の景行《けいこう》四十年の条を見てみよう。

　ヤマトタケルの東征に向かうときである。相模《さがみ》（神奈川県）から上総《かずさ》（千葉県西部）に向かい船をこぎ出したが、暴風に見舞われ進めなくなってしまった。ここに、つき従っていた妾《おみな》がいた。穂積氏押山宿禰《ほづみのうじのおしやまのすくね》の娘の弟橘媛《おとたちばなのひめ》だ。媛は次のように申しあげた。

「風が起こり波が速く流れ、船は沈みそうです。これは海神《わたつみのかみ》の意思でしょう。願わくは、いやしい私の身をもって、王《みこ》の命に代えて、海に入りましょう」

こうして波を押し分けて身を投じると、暴風はたちまちやみ、一行は対岸に着くことができた。時の人は、その海を名づけて「馳水《はしりみず》（走水）」といった。

「走水」の地名説話としてよく知られるが、これは、人身御供にほかならない。

殉死《じゅんし》をやめる説話

また『日本書紀』には、「殉死」についての記録が残されている。

第十一代垂仁《すいにん》天皇の時代、当麻邑《たぎまのむら》（奈良県葛城市当麻）に当麻蹶速《けはや》という勇士がいた。死んでもよいから強い者と戦いたいというので、出雲国の人で、天穂日命《あめのほひ》の末裔、野《の》見宿禰《みのすくね》が呼びよせられた。はたして野見宿禰は、当麻蹶速を蹴《け》り倒し、踏《ふ》みつぶして殺してしまった。こうして野見宿禰はヤマトにとどまり、天皇につかえるようになった。

垂仁三十二年秋七月、皇后の日葉酢媛命《ひばすひめ》が亡くなられた。ここで垂仁天皇は群卿《まえつきみ》に詔《みことのり》して、

「亡くなった人に従って殉死することは、よくないことと知った。そこでこのたびの葬礼は、どうしたらよいだろう」

と仰《おお》せられた。

これはどういうことかというと、伏線があった。

垂仁二十八年冬十月に、天皇の弟、倭彦《やまとひこ》命が亡くなり、十一月に身狭桃花鳥坂《むさのつきさか》（奈良県橿原市見瀬《かしはらみせ》）に葬った。そこで、近習《きんじゅう》の者を集め、生きたまま陵の境界に埋めた。彼らは、数日間生きつづけ、日夜泣く声が聞こえてきた。ついに亡くなると、朽ちて腐り、犬や鳥が集まってついばんだ。垂仁天皇は胸を痛められ、群卿に詔して、

「生きているときに寵愛《ちょうあい》してもらったからといって、殉死させるのは、傷ましいことだ。それが古くから続く風習であろうとも、よくないことならば、断ち切るべきだ。議論を尽くしてやめるように」

と仰せられた。

このようないきさつがあったから、殉死をやめる方法を求めたのだ。

すると野見宿禰は、使者を出雲国に遣わし、一〇〇人の土部《はじべ》（土師部《はじ》、土器を作る部民《べみん》）を召しあげると、埴土《はに》を用いて、人や馬などさまざまな形に作らせ、これを献上して申しあげた。

「これから先は、土物《はに》をもって、生きる人の代わりに陵《みささぎ》に立てて、のちの世の定めといたしましょう」

天皇は喜ばれ、野見宿禰の進言どおりにし、殉死を禁じたのだった。

これも「埴輪《はにわ》」の誕生説話として知られているが、「殉死の禁止」にテーマがあるのは、いうまでもない。

精霊崇拝から祖霊信仰、首長霊《しゅちょうれい》信仰へ

太古の日本で、神を祀るための人身御供がおこなわれていたことは間違いない。そして、諏訪大社の周辺では、これを引きつぐ古いしきたりが中世に至るまで残されていたようだ。「タタエ（湛）」という聖地に神幸《しんこう》がおこなわれ、その際に神使が悲惨な目にあっていたわけである。

そして御左口神が、神使や巨木に宿るときに用いられていたのが「さなぎ」であった。この「さなぎ」や銅鐸は、「神降ろし」の儀式に使われたと考えられる。

ここで問題なのは、弥生時代に盛行した青銅器祭祀が、なぜヤマト建国後の古墳時代になって廃止され、銅鐸や青銅器が地中に埋められてしまったかである。それには、どのような意味が隠されていたのだろう。

殉死をとりやめた垂仁天皇は、実在の初代王と見なされる崇神天皇の子なのだから、殉死の習慣も、ヤマトを建国してまもなく廃止された可能性が高い。

「弥生時代の悪《あ》しき風習」は、古墳時代に入り、青銅器祭祀の終焉と同時に、断ち切られたのだ。それを神話にしたのが、スサノヲの八岐大蛇退治であり、説話になったの

が、野見宿禰の埴輪であろう。

つまり、青銅器祭祀をおこなっていた過去の為政者たちが、人身御供の祭祀もおこなっており、これを新しい為政者がやめさせたということだ。

ならば、なぜその後も諏訪にだけ、「さなぎ」が残ったのだろう。そして、神使が暴行を受けつづけたのだろう。

こういうことではなかったか。

弥生時代は、縄文人の「生活に密着した呪術」から脱却する時間だった。稲作によって富と格差が生まれ、各地に出現した有力者が、呪術を独占する過程である。土器に付着された情念は、弥生時代になって消し去られていく。ここで、土器に代わる新たな威《い》信財《しんざい》としての青銅器が、おおいに役に立った。集落ごとの首長たちは、庶民には手に入らない青銅製の祭器を誇示し、神降ろしのために用いた。

やがて、強い王があらわれ、動乱の時代をへて、ヤマトに人が集まり、前方後円墳の様式が生まれると、各地の首長や王たちが、この新たな埋葬文化を採用していった。

前方後円墳という、形ある遺跡だけに目を奪われてはならない。このとき、神（天皇や首長の祖神、氏神《うじがみ》）は、天皇や首長、そして天皇や首長の親族の女性（巫女《みこ》）に憑依し、神意を伝え、パワーをふり注いだ。だからこそ、青銅器は必要なくなったのである。

こうして、ヤマトの王を頂点とするヒエラルキーのなかに、各地の首長や王たちが、組みこまれていった。かつての青銅器祭祀は、意味を失っていく。

精霊崇拝から、祖霊信仰、そして首長霊《しゆちようれい》信仰へと、日本人の信仰形態は、移り変わっていったのだ。

ヤマトを中心とする首長連合が、前方後円墳文化、首長霊信仰を受けいれることで、緩《ゆる》やかな紐帯《ちゆうたい》が生まれ、それまでの戦乱状態も解消される。そして、それぞれの首長は、新たな信仰形態をともなった統治システムによって、支配力を高めようとした。そのなかで、古い信仰形態が排除されていくのは、当然のなりゆきであった。排除の過程では、銅鐸のみならず、人身御供や殉死の風習も、消えていったのだろう。

変わらない諏訪

そしてなぜ、諏訪だけに太古の信仰形態が残されたのかといえば、それは「諏訪の人たちが新たな文化を選択しなかったから」と考えるほかはあるまい。

しかし、これを逆の視点からながめれば、ヤマト政権がいかにして成立したのかも、明らかになるのではないだろうか。すなわち、「前方後円墳を選択する」ことによって、「同じ信仰を共有」し、「緩やかにつながっていった」ということであり、いうなればヤマト政権は、信仰によってつながっていた。

だから、信仰を共有しなければ、連合にも属さない。諏訪のようなヤマトから遠く離れた盆地に「例外地域」が存在しても、何ら不思議はない。古墳時代のヤマト政権は、この「異質な世界」を圧倒して潰すのではなく、例外として認め、共存する道を選んだということだろう。そして、その象徴的な存在として持ちだされたのが、タケミナカタということになりそうだ。

諏訪に追いつめられたタケミナカタは、「絶対にここから外に出ないから許してほしい」といって恭順《きょうじゅん》するが、これも、かたくなに旧来の信仰を捨てようとしない「内向きな諏訪」の態度を否定的に表現したものと考えられる。神話のなかで貶《おとし》める代わりに、その存在を許容したのである。

「諏訪」はいまだに、不思議な空間である。諏訪湖畔をドライブしていると、えもいわれぬ恍惚感《こうこつかん》にひたることができる。これこそ神々の原郷ではないかと思える瞬間がある。それゆえ、土地の人の信仰は根が深く、際《きわ》だったものへと醸成される。周辺地域との違いも際だち、より誤解を受けやすくなるのかもしれない。

平成二十七年（二〇一五）の正月元旦、諏訪大社上社の蛙狩神事をめぐって、ちょっとした事件が起きた。生きたカエルを串に刺し、神に捧げる神事に対し、「全国動物ネットワーク」が抗議行動をおこなったのである。

そのプラカードには、「ストップ　ザ　生きカエルの串刺し！　代用品へのお願い」「命ある生き物への残酷な殺傷はやめるべき」と記されていた。彼らのウェブサイトにも強い調子の抗議文が載っている。

「このままでは来年も、カエルの壮絶な苦痛とともに新年を迎えることになります。罪のない生き物に激痛を与えて生贄《いけにえ》にするようなことは即刻廃止すべきです」

「一般の人が、道端でカエルを生きたまま串刺しにして殺していたら、その人は危険な変質者そのものです。神社だからといって許されることではありません」

諏訪大社を変質者よばわりするとは、尋常《じんじょう》ではない。科学の進歩した現代人にとって、カエルを生贄にすることには、「無意味」で「残酷」と映るのは確かだろう。

しかし、「非科学的」であることは、悪いことなのだろうか。それよりも、長い歴史のなかで形づくられてきた縄文的な文化に対する「偏見」が隠されているのではないだろうか。かたくなに古来の伝統を守っている諏訪大社の名誉のためにも、私見を述べておきたい。

根深い縄文野蛮論

あらためて「縄文」とは、何だったのか。

いまでこそ縄文という時代を好意的に考える人は増えてはいるが、その一方で、これを「野蛮」と見なす人がいる。われわれが子供のころ学校では、縄文時代や縄文人は「未開社会」「原始人」であり、それに続く弥生時代は「文明開化」で、弥生人も「文明

御室社から見た十間廊

壁や戸のない吹き抜け構造で、床は板張り。かつてはここに鹿の頭が供えられていた

人」であるかのように教えられてきた。それは、古代から続く偏見にほかならないし、さらに戦後になって進歩史観が大手を振って歩くようになった弊害《へいがい》でもあるだろう。
縄文人の人口は東国に偏在《へんざい》していたが、『日本書紀』は「東」をことさら蔑視《べっし》し、東国の民を「まつろわぬ野蛮人」と見なしている。すでに八世紀、ヤマト政権は「狩猟民族の野蛮な姿」を、「歴史」に記録している。景行四十年七月条である。

「東国に盤踞《ばんきょ》する人々の性格は凶暴で、人を辱《はずかし》めることを平気でする。境界を侵《おか》しあっては物を盗む。山には邪神《あしきかみ》がいる。野には鬼がいて往来もふさがれ、多くの人が苦しんでいる。その中でも蝦夷《えみし》はとくに手強い。冬は穴に寝て、夏は木に棲《す》む。毛皮を着て動物の血を飲み、兄弟同士で争う。山に登れば鳥のようであり、野原を走れば獣のようだ。恩を受けても忘れるが、恨みは必ず報いる。矢を髪の毛の中に隠し、刀を衣のなかに帯びている。徒党を組み辺境を荒らし、作物をかすめる。攻めれば草の中に隠れ、追えば山に逃げる。だから昔から一度も王化《おうか》に従ったためしがない」

血に対する穢《けが》れの意識は、しだいに強くなり、平安時代に至ると、東国武士に対する蔑視がこれに拍車をかけた。平安京の貴族たちは、武士たちが汗水垂らして働く姿を嘲《あざ》笑《わら》い、朝廷のために殺しあう姿を穢らわしいと見下し、自分たちは都で雅《みやび》な歌の世界に没頭していたのだ。

まもなく貴族社会は、武士の台頭によって隅に追いやられるわけだが、現代日本人の偏狭《へんきょう》さは、そのときの貴族の姿と重なって見える。なぜこんなことになってしまったのか。

「日本人は哲学をしてこなかった」という自虐的な論評を、どこかで読んだ気がする。哲学をしなければ、人間として失格なのだというのだが、本当にそうだろうか。

哲学はいうまでもなく、キリスト教社会の副産物だ。神になりかわり、人間の理性、そして科学が尊重された。哲学や科学には、その合理性ゆえ、「反哲学、反科学的な思考を根底から否定してかかる」という習癖がある。それは、哲学や科学がキリスト教に置きかわる新たな信仰にほかならないからだろう。医者に見放された患者が怪しげな民間療法にすがり、新興宗教に走る例にしても、現代人が科学を「神」であるかのように信じている証拠である。

キリスト教徒は、「世界じゅうの野蛮な文化をキリスト教文明の高みに引きあげる義務がある」と本気で考え、世界に乗りだしていった。これが帝国主義の大義名分になっていったが、さきほどの動物愛護団体の発想は、この「キリスト教徒の思いあがり」の系譜を引いているように思えてならない。

諏訪大社の祭事は、狩猟民族の遠い記憶をいまに伝えている。それを非難することは、クジラ漁に反発する人たちとも思考回路がよく似ている。狩猟は、動物に苦痛を与えるからやめるべきだというが、それは本当の正義ではないだろう。

諦念《ていねん》──大自然への畏敬《いけい》の念

日本人は、石器時代から今日に続くまで、アニミズム、多神教的信仰に支えられてきた。「私は特定の宗教を信仰していない」とはいっても、縁起は担《かつ》ぐだろうし、おみくじの吉凶に一喜一憂している。鳥居のマークを記された塀《へい》に向かって小用を足すことはためらうはずだ。実際、ゴミの不法投棄で困っている場所に小さな鳥居を立てたら、以来ゴミは捨てられなくなったという話を聞いたことがある。

だから、日本人の人口に占めるクリスチャンの割合が極端に少ないのも、一神教的な発想にどうしてもなじむことができないからだろう。全宇宙を生みだした唯一絶対の神の子が人間で、大自然を改造することも支配することも、人間の意思のままという発想は、おおかたの日本人にとって信じがたい。

自然災害の猛威に脅《おび》えつづけてきた日本人は、大自然を神に見立て、暴れまわる神をいかに鎮《しず》めることができるかに腐心してきた。それが「祭り」の本質であり、神は恐ろしい鬼そのものだった。だから、鬼をなだめすかすことによって、かえって優しい神に変わり、恵みがもたらされると信じていた。荒魂《あらみたま》と和魂《にぎみたま》は、表裏一体、同じ神なのである。

「日本人は思想を持たず、哲学をしてこなかった」としたり顔で啓蒙するのも、とんでもない話で、そもそも日本人には、「大自然や神にはしょせん敵《かな》うはずがない」という「諦念《ていねん》」があった。もはやそこに、思想や哲学が入りこむ余地もないほど、完結した発想を、日本人は抱きつづけてきた。

それとは反対に、キリスト教世界の住民が思想や哲学の世界に迷いこまなければならなかったのは、大自然と対立しなければならない一神教の矛盾を克服する必要があったからにほかならない。

狩猟民たちは、多くの動物たちがしているように、ほかの生物の命を狙い、殺し、食し、そのうえで奪った命の鎮魂を繰りかえしてきた。スポーツとして狩猟に興じる連中や、スーパーで精肉を買って動物の生と死に向きあわず、ただ正義をとなえている連中とは、根本的に発想が異なる。

かつての日本人は、大自然の循環、ありとあらゆる営《いとな》みを肯定してきたのだと思う。狩猟は残酷だから、野蛮だからというのなら、大自然そのものの否定につながる。それこそ、人間の思いあがりである。

このような信仰の根源を知れば、人身御供の意味も、おぼろげながら見えてくる。

食物連鎖の頂点に立つ人間だが、宮沢賢治《みやざわけんじ》の童話『よだかの星』のように、殺してきた動物に対する贖罪《しょくざい》の気持ちがあって、大自然に対し何かしらの「お詫《わ》び」の態度を示し、「代償」を払う必要があると考えたのではなかったか。

そうしなければ、神は怒り、暴れ、ふたたび災難をまき散らすであろう。それを防ぐためにも、殺してきた生き物に対する贖罪の意味もこめて、人間の命が神に差しだされたのではなかったか。

だからといって、もちろん人身御供の風習を復活させるべきだといいたいのではない。命を捧げられたのも、名誉や富のある大人ではなく、弱い子供たちであった。これは、やはり野蛮で残酷だ。けれども、それをもって、カエルの生贄を否定することが正当化されるとも思わない。

いまの時代、諏訪大社の蛙狩神事を見るとき、「人間のおごり」や「大自然を支配しようとする目論《もくろ》み」ではなく、「大自然に対す畏敬《いけい》の念」が根底にあるということを、もう一度理解すべきだろう。どうか諏訪大社は、この神事を未来永劫《えいごう》まで続けてほしいと思う。

諏訪大社には、縄文人の荒々しい信仰が、いまだに吹き荒れていることがわかった。日本人の三つ子の魂が、土台になっている。いまの祭神タケミナカタでさえも、諏訪の土地の人たちからすれば、「表面的な信仰」にすぎないのかもしれない。

だからといって、タケミナカタを中央からもたらされた「あとづけの神」と軽視し、捨てておくこともできない。タケミナカタが諏訪にやってきた理由に、古代史の謎が隠されているからだ。

タケミナカタの母は「ヌナカワヒメ（奴奈川姫）」で、この女神の伝承が、日本海側に色濃く残っている。彼女は「ヒスイの女神」だが、ヒスイは縄文時代から弥生時代、さらには古墳時代と続いた日本固有の神宝《かんだから》であった。ところがヒスイは、物部氏や蘇我氏の衰退とほぼ同時に、忘れられてしまう。

その過程に、諏訪や信濃のみならず、日本の古代史を知る秘密の鍵があった。

第三章　タケミナカタと海人《あま》族

『日本書紀』に出てこないタケミナカタ

考古学が多くの遺跡を発掘し、これまでわからなかった古代史の欠けた部分が、しだいに埋まるようになってきた。信濃の古代史も、輪郭をあらわしはじめる。

六世紀から七世紀にかけて、伊那方面から進出した勢力が、この地域の首長たちを支配下に組みこんでいった。新たな信濃の支配者は、神武天皇の子カムヤイミミの末裔「多《おお》氏」の系統だったこともわかってきた。

彼らの一部は諏訪にも拠点を築き、その信仰形態に大きな影響を与えた。土着の守矢氏による独特な御左口神祭祀の上に乗っかるが、諏訪大社で祀られるタケミナカタ（建御名方神）は、このとき彼らの手で創作されたのではないかと考えられるようになった。

タケミナカタは、『日本書紀』には登場しない。『古事記』に記されるが、それでも、オオクニヌシの末裔を記した場面、つまり「神統譜《しんとうふ》」では無視される。

『先代旧事本紀』には、大己貴神《おおなむち》（オオクニヌシ）と沼河姫《ぬなかわひめ》（ヌナカワヒメ）のあいだの子と紹介され、「信濃国諏方郡諏方《すわ》神社に坐《いま》す」とある。

ところが、『古事記』の八千矛神《やちほこ》（オオクニヌシ）と高志《こし》国の沼河比売《ひめ》（ヌナカワヒメ）

の説話のなかでは、タケミナカタが子供であるとは明記されていない。

この説話によると、ヤチホコはヌナカワヒメを娶《めと》ろうと越《こし》に出向き、家の前で歌を歌うと、ヌナカワヒメが戸を開かずに歌を返した。その夜は結婚せずに、翌日結ばれたというが、ヤチホコの正妻のスセリヒメがおおいにヤキモチを焼いたために、ヤチホコが詫びたという。

なぜタケミナカタをめぐる記事は、どれも不明瞭なのだろう。

本居宣長《もとおりのりなが》も、なぜ『日本書紀』は、タケミナカタの説話を省《はぶ》いてしまったのかと疑念を提出している。津田左右吉《つだそうきち》は、タケミナカタを後世の人が付加したものと見なした。

西郷信綱《さいごうのぶつな》は、『古事記注釈』の第三巻のなかで、『古事記』の大己貴神（オオクニヌシ）の神統譜には、神話に関係ない神の名が登場するのに、タケミナカタの名があがらない点について、「ちょっとありそうもないことのように思われる」としている。たしかに津田左右吉のいうように、後世の人の追加と見なす説が有力視されるようになったが、「そう簡単に割りきれるかどうか疑わしい」という。

『日本書紀』がタケミナカタを採用しなかった理由として、西郷信綱は、歴史的経験を抽象し、国譲りを理念化するという形で、書紀はタケミナカタの話を捨てたのだと考える。なるほど興味深い指摘である。

タケミナカタ信仰の背後

本居宣長は『古事記伝《こじきでん》』で、「建御名方神」の「建」と「御」を称号とみなし、「名方」の部分に注目した。阿波国《あわのくに》（徳島県）の中心で、国府が置かれていた名方郡《なかたのこおり》名方郷にある「多祁御奈刀弥《たけみなとみ》神社」をとりあげると、この社名は「方」の一文字が抜け落ちたのではないかと疑った。「多祁御奈方、刀弥」がもともとの名ではないかというのだ。

現在、徳島県名西郡《みょうざいぐん》石井町《いしいちょう》浦庄《うらしょう》字諏訪《すわ》に「多祁御奈刀弥神社」が存在するが、その祭神は「タケミナカタトミ」である。

太田亮《おおたあきら》は、阿波国の名方郡の名は、筑前国《ちくぜんのくに》の「ナアガタ（灘県《なあがた》）」からきたものと推測している。灘県といえば、海の民である安曇氏《あづみし》の根城《ねじろ》だ。そして、安曇氏といえば、信濃の「穂高《ほたか》神社」が祀られる「安曇野《あづみの》」を思いだす。

じつは、安曇氏が阿波国名方郡に住んでいたことが、『日本三代実録』に明記されている。大和岩雄も、阿波国名方郡の多祁御奈刀弥神社と信濃国の諏訪信仰の関係を無視することはできないと指摘している。そのとおりだろう。

長野県安曇野市の式内社「川会神社《かわあい》」の社伝には、タケミナカタの妃のヤサカトメは「海神綿津見《わたつみ》の娘」とあり、タケミナカタが安曇野の一帯を開拓したという。「海神綿津見」は安曇氏が祀った神である。やはり、タケミナカタと安曇氏は強く結ばれている。

安曇《あづみ》氏とは何者なのか

タケミナカタの正体を知るには、安曇氏のことを知る必要がありそうだ。

彼らの信仰する「ワタツミ（綿津見神）」は、『古事記』神話の重要な場面に出てくる。イザナキが黄泉《よみ》国から逃れてきたとき、竺紫《つくし》日向《ひむか》の橘《たちばな》小門《のおと》の阿波岐原《あわきはら》で、禊《みそぎ》払《はらえ》をしたところ、次々と神が生まれた。その最後のほうで、住吉三神《すみよしさんじん》（墨吉の三前の大神《すみのえ　みまえ》）と三柱《みはしら》のワタツミ（底津綿津見神《そこつわたつみ》、中津《なかつ》綿津見神、上津《うわつ》綿津見神）が生まれ、いちばん最後に生まれたのが、アマテラス、ツクヨミ（月読命）、スサノヲの三神である。

海の神は、いずれも九州で生まれている。そのうちワタツミは、宗像《むなかた》三神と同じく、実際に北部九州の沿岸部を地盤としていた。

筑前国糟屋《かすや》郡に安曇郷と西側の志珂《しか》郷（どちらも福岡市東区）があって、この一帯には安曇氏にまつわる海部《あまべ》の郷名が集中する。

安曇氏の本拠地は、志賀島《しかのしま》であろう。この島には「志加海《しかのわた》神社（志賀海《しかうみ》神社）」が鎮座し、ワタツミ三神を祀っている。気になるのは、境内の摂社今宮《せつしやいまみや》神社の祭神だ。そのひとつは、「宇都志日金拆命《うつしひかねさくのみこと》」で、この謎の神は、穂高神社の祭神でもある「ホタカミ（穂高見神）」と同一と考えられている。そして、もうひとつの謎の神が、「アズミノイソラ（安曇磯良）」である。もとは、これらの神が「主役」だったのではないだろうか。

アズミノイソラは「志賀大明神」とも呼ばれ、神功皇后の新羅遠征に際し、柁取《かじとり》を命じられている。海中に住んでいるため、顔面に牡蠣《かき》などが付着し、醜い容貌だったという。

この神は対馬《つしま》でも祀られているが、なぜ安曇氏が柁取に命じられたかというと、彼らが古来、志賀島から玄界灘《げんかいなだ》を越えて壱岐《いき》や対馬を経由して朝鮮半島とのあいだを行き来していたからだろう。

「魏志倭人伝」には、「対馬に農地がないため、みな南北に市糴(交易)して暮らしている」とある。対馬の海の民は、船で北部九州と朝鮮半島の文物をやりとりすることによって、生計を立てていた。

また、志賀島からは「漢委奴国王《かんのわのなのこくおう》」の五文字が刻まれた金印が発見されていて、このあたりが弥生時代の北部九州の中心である奴《な》国であることを示している。『後漢書《ごかんじょ》』東夷伝には、倭奴国《わのなこく》が朝貢してきたので冊封《さくほう》し、金印を授けたと記されている。

このように、ワタツミやアズミノイソラなどを祀る安曇氏は、大海原を自在に行き来できる海運力によって、古代日本の発展を支えた氏族だったことがわかる。それゆえ権力者にとって、海の民はどうしても味方に引きいれ、支配しておかなければならない存在だった。そこで彼らを「品部《しなべ》（職業集団）」として組織化し、王権に隷属させたのが、海部や阿曇《あずみ》部である。

さて、「アズミ」には、おもに「安曇」と「阿曇」の表記があるが、氏族研究の根本史料ともいうべき『新撰姓氏録《しんせんしょうじろく》』では、「阿曇」の表記をとっている。以後、人物名や氏族の名はこれによるが、地名などは「安曇」も多い。以後、とくに「阿曇」とする必要のない場合は、「安曇」で統一することを了承いただきたい。

海の神に囲まれた天皇家

『新撰姓氏録』には、「阿曇（安曇）」「宗形《むなかた》（宗像）」「大和」の三つの系統の海の民が記録されている。

本章の主人公でもある「阿曇系」は、ワタツミノカミや、その子ホタカミの末裔氏族である。阿曇宿禰、海犬養《あまのいぬかい》、凡海連《おおしあまのむらじ》、八木造《やぎのみやつこ》、阿曇犬養連、安曇連がいる。

「宗形系」は、大神朝臣《おおみわのあそみ》と同じ祖、「アタノカタスミ（吾田片隅命）」の末裔氏族である。また、宗像三神の七代の孫とする説もある。宗形朝臣、宗形君がいる。宗像、胸形などとも表記する。

「大和系」は、「シイネツヒコ（椎根津彦命）」の末裔である。青海首《あおみのおびと》、倭太《わた》、大和宿禰、大和連、物忌直《ものいみのあたい》、等禰《とね》直がいる。

このうち、宗形系と大和系の海の民が朝廷に従属していったのである。

ところで、大和系の祖シイネツヒコは、神武東征の場面で登場するが、これも不思議で素性《すじよう》の定かでない神だ。『古事記』では、速吸門《はやすいのと》で姿をあらわす。いまの明石海峡《あかし》である。

それが、『日本書紀』では、九州と四国の境、豊予《ほうよ》海峡であらわれ、神武天皇から「槁根津日子《さおねつひこ》」と名づけられている。

神武天皇の一行は、亀の甲羅《こうら》に乗って釣りをしながら袖《そで》を振ってくる人に出くわした。呼びよせて「お前は誰だ」と尋ねると、「私は国津神です」という。「海の道は知っているか」と問うと、「よく知っております」という。そこで「私につかえるか」と問うと、「おつかえ申しあげます」といった。それで、棹《さお》をさし渡してこちらに引きいれ、「槁根津日子」の名を与えたのだった。槁根津日子は倭国造《やまとのくにのみやつこ》らが祖だという。

ちなみに、戦艦大和の船内には、倭国造が祀っていた大和《おおやまと》神社（奈良県天理《てんり》市）の祭神が勧請《かんじよう》された。

海の民は政権に掌握されたが、その一方で、王家が海で生まれたものとして語りつがれている。

太陽神アマテラスが生まれたのは、海神と同じように、イザナキが黄泉国から戻ってきて、「竺紫の日向の橘小門の阿波岐原」で禊払をしたときのことだ。まず海水で左目を洗うとアマテラスが誕生した。次に鼻を洗うとスサノヲが生まれた。アマテラスの孫のニニギ（天津彦彦火瓊瓊杵《あまつひこひこほのににぎ》尊）が天孫降臨を果たしたのち、生まれた子のなかに海幸彦《うみさちひこ》と山幸彦《やまさちひこ》の兄弟がいて、そのうち山幸彦が海とつながっていく。

山幸彦が兄の海幸彦から借りた釣針をなくし困惑していると、「シオツチノオジ（塩土老翁）」なる者があらわれ、海神の宮に誘う。海神の宮に行った山幸彦は、ここで海神の娘「トヨタマヒメ（豊玉姫）」と結ばれた。このとき生まれた子が、ウガヤフキアエズ（鸕鷀草葺不合《うがやふきあえず》尊）で、ウガヤフキアエズがトヨタマヒメの妹「タマヨリヒメ（玉依姫）」と結ばれ生まれた子が、神日本磐余彦尊《かむやまといわれびこのみこと》、のちの神武天皇である。

このように、天皇家の祖神は海から生まれ、海神と深く交わり、神武天皇に至っては、母も祖母も海神の娘である。平安時代の天皇が、難波津の浜辺で「八十島祭《やそしまさい》」をおこなっていたのも、そのためで、天皇家は「海に囲まれた王家」だったことがわかる。

中世の段階でも、天皇家と海の関係は、強く意識されていたようだ。天文《てんぶん》元年（一五三二）成立の百科事典『塵添壒嚢鈔《じんてんあいのうしょう》』には、応神天皇が尾っぽをはやしていたという話が載っている。海神の子孫だから歴代の天皇には「竜尾《りゅうび》」があったにちがいないというのだ。

なぜ安曇氏は、信濃にやってきたのか

ヤマト建国以前の日本の最先端地域の覇者のひとつが、安曇氏だった。彼らはまだまだ謎に満ちた一族である。

安曇野は安曇氏に由来する地名である。それでは、彼らの祀る海神が、なぜ海から遠く入った北アルプスの麓《ふもと》に鎮座しているのだろう。さらに、穂高《ほたか》神社の奥宮は、ほとんど山中にある。観光地として知られる上高地《かみこうち》から少し入った明神池《みょうじんいけ》のほとりにあった。また嶺宮《みねみや》ともなると、奥穂高岳《おくほたかだけ》の山頂に鎮座している。祖神が奥穂高岳に舞いおり

てきたという信仰があったのだろう。まるで山の神を祀るかのようなのだ。

これを信仰していた安曇氏は、もちろん北部九州からやってきた。では、いつごろこの地にやってきたのだろう。そして、その目的は何であったのか。

農地を耕して移住する民は、海にこぎ出すことはない。とはいえ、陸地の移動は大変である。生まれた土地から遠く離れることは、なかなかできない。これに対する漁民は、シイネツヒコがそうであったように、容易に航海民となる。航海する海の民は、そのまま土地を耕す民にもなれた。海の民は移住し、よい土地を見つけたら、そこに定着することができたであろう。しかも彼らには、先進の技術を身につけているという強みもあった。

じつは、穂高神社周辺の安曇氏だけではなく、信濃川（千曲川）の河口部から上流域にかけて、長野市や小諸市、さらに、松本市や下伊那郡、上水内郡、南佐久郡などにも、海の民にちなむ地名が残されている。つまり、ほとんど全域に彼らは散らばっている。信濃国と海の民のつながりは、古く、そして深い。

肥沃《ひよく》な盆地であれば、わからないわけではない。ところが、安曇野の一帯は、けっしてそうではないだろう。安曇氏は、何を求めてこの地にやってきたのだろう。

いくつかの説が出ている。新潟県糸魚川《いといがわ》市周辺は、縄文時代から続くヒスイ（硬玉翡翠《こうぎょくひすい》）の産地で、この宝石を求めてやってきたのではないかとする説。鮭を追いもとめて姫川《ひめかわ》上流に住んだのではないかとする説などである。

決定的な説はないが、そのなかに、坂本博《さかもとひろし》『信濃安曇族の謎を追う』で示された興味深い説がある。安曇氏は、北部九州で勃発した「磐井《いわい》の乱」に敗れた結果、遠くまで逃れてきたのではないかというのだ。

磐井の乱は、朝鮮半島情勢をめぐる中央政府と北部九州の豪族の思惑のズレによって起こされた。ようするに、朝鮮半島のどこの地域と結びつくべきかで、対立したのだ。継体二十一年（五二七）、政権側が派遣した新羅遠征軍を、筑紫君《つくしのきみ》磐井が追いかえした。これが反乱と見なされ、翌年、新たに送りこまれた物部麁鹿火《あらかい》率いる鎮圧軍によって平定された。筑紫の御井《みい》（福岡県久留米《くるめ》市）が最後の戦場になった。

このとき磐井の子の葛子《くずこ》は、父の罪に連座《れんざ》することを恐れ、糟屋屯家《かすやみやけ》（福岡県糟屋郡）を献上し、助命嘆願をして許されている。

糟屋郡といえば、安曇氏の本拠地である。磐井の配下で物部麁鹿火と戦った安曇氏は、葛子とともに海に逃れ、越後に落ちのびたのではないかというのが、坂本博の推理である。また、むしろ不毛の荒地だったからこそ、安曇野が選ばれたという。先住の民が少なければ、移住もスムーズに進むからである。

鮭、黒曜石《こくようせき》、馬、材木

阿曇宿禰は、朝廷の「内膳司《ないぜんし》」につかえ、天皇家の食事に関わりを持っていた。同じ内膳司をつとめる膳《かしわで》氏が調理担当であるのに対し、阿曇宿禰氏は食材調達を担わされていた。このことから坂本博は、安曇氏は穂高神社を「鮭」を調達するための管理事務所にしていたと推理している。

しかし、鮭だけにそれほどこだわることはない。古代の海の民は、先進の技術者集団でもあり、あらゆる資源を求めて内陸部に分けいったと考えるべきであろう。鮭とは関係のない場所にも、彼らはやってきていた。

たとえば、「和田《わだ》」という地名や氏族の名は、多くの場合、「ワタツミのワタ」を指していて、それは「海」のことだ。

長野県の和田峠（標高一五三一メートル。長和町《ながわちょう》と下諏訪町のあいだ）は、旧中山道を通っているが、日本有数の黒曜石《こくようせき》の産地として、縄文時代に賑《にぎ》わった場所でもある。ガラス質の黒曜石は、打ち砕くことで鋭い刃物に変身するが、これを石鏃《せきぞく》などに用いる。諏訪大社に濃厚な太古の記憶が残されるのも、黒曜石の産地に近いという条件が整っていたからだろう。

和田峠の北側には「和田」（小県郡長和町和田）の集落があり、さらに『和名類聚抄《わみょうるいじゅしょう》』に信濃国小県郡海部郷とあるのが、現在の「和田」だという。黒曜石のとれる和田峠と海の民の関係を知ることができる。縄文人は黒曜石を求めて黒潮を横断していたというから、山奥深く分けいり、貴重な資源を懐《ふところ》にして、交易にいそしんでいたにちがいない。

また気になるのは、群馬県利根《とね》郡にある「武尊山《ほたかやま》」

茅野駅のホームにある黒曜石

だ。山麓《さんろく》に武尊神社が鎮座し、ヤマトタケル（日本武尊）を祀るため、一般にその伝承と結びつけられているが、「ホタカ」の音は、穂高神社の祭神ホタカミに通じる。

実際に、武尊山麓の地元の伝承によれば、はじめホタカミが一帯を統治していたが、その後に諏訪神（タケミナカタ）がやってきて、綾戸《あやど》の滝磐《たきいわ》（水を堰《せ》きとめていた岩）を開き、湖沼を陸地にして、人々が住めるように切り開いたという。

ここで重要なのは、「ホタカとヤマトタケルは無関係」であるということと、「ホタカミが先で、タケミナカタがあと」という伝承であろう。そして、安曇氏ら海の民が信濃や東国に注目したのが、かなり古い時代の話だった可能性を示していることである。

ならば、海の民は何を求め内陸部に入りこんだのだろう。

『肥前国風土記《ひぜんのくにのふどき》』に、値嘉島《ちかのしま》（長崎県五島《ごとう》列島）の「白水郎《あま》（海人）」の記事が載っている。それによると、「かの白水郎は、馬、牛に富めり」「この島の白水郎は、容貌《かたち》、隼人《はやひと》に似て、つねに騎射《うまゆみ》を好み、その言葉は俗人《くにひと》に異《こと》なり」とある。

なぜ、海人が馬を飼うのかといえば、川を船で遡上するとき、馬に引かせるからだ。海の民にとって、馬はなくてはならぬ動物だった。だから、よい馬の生育地を求めて川をさかのぼったのだろう。このことは、のちに重要な意味を持ってくる。

次に、海の民が求めたのは、「まっすぐな巨木」である。

古代人の船は丸木舟で、準構造船の場合も、土台は丸木舟だった。船は巨木をくりぬいて造った。だから、まっすぐで太い材木が求められたのである。そう考えると、海の民が深い森があるところを求めて、内陸の奥部にまでやってきたのは、むしろ当然のことだったと気づかされる。

海と山の深い関係

よくよく考えてみれば、海と山は、神話や説話のなかでも、交流を重ねていたのだ。わかりやすい例は、「天孫降臨《てんそんこうりん》神話」であろう。

この神話のなかで、ニニギは高千穂《たかちほ》（宮崎県と鹿児島県の県境の高千穂峰説、宮崎県西臼杵《にしうすき》郡高千穂町説の二説あり）に舞いおりたあと、尾根づたいを西に向かい、吾田《あた》の長屋《ながや》の笠《かさ》沙碕《さのみさき》（鹿児島県の野間《のま》岬）にたどり着いている。

ここで（できすぎた話だが）、ひとりの美女に出会う。名づけて鹿葦津《かしつ》姫《ひめ》、別名をアタツヒメ（神吾田津姫）、コノハナサクヤヒメ（木花之開耶姫）という。皇孫《すめみま》（ニニギ）が「誰の娘か」と問うと、「オオヤマツミ（大山祇神）の娘」という。オオヤマツミは国神で、「偉大な山の精霊」だ。ニニギは、海辺で山の神の娘に出会い、結ばれる。

そして、この二神のあいだに生まれた子が、ホノスソリ（火闌降命）、ヒコホホデミ（彦火火出見尊）、ホアカリ（火明命）だ。ホノスソリは海幸彦のことで「隼人」の祖、ヒコホホデミは山幸彦のことで「天皇家」の祖、そして、ホアカリは「尾張氏《おわり》」の祖である。つまり、天皇家と隼人、尾張氏は、同族であった。

また、オオヤマツミといえば、瀬戸内海に浮かぶ大三島《おおみしま》にある大山祇神社《おおやまづみ》（愛媛県今治《いまばり》市大三島町）の祭神として名高い。この神社は、国宝の武具が集中することでも有名で、軍功の神として篤《あつ》い信仰を受けてきた。それはなぜかといえば、瀬戸内海を牛耳《ぎゅうじ》る海の民が祀る神社だったからで、彼らは水軍をたばね、またあるときは海賊となって暴れまわった。

このあとの神話は、ニニギが姿を消し、子供たちの山幸彦と海幸彦の話に続いていく。山幸彦がシオツチノオジに助けられ、海神の娘と結ばれるという例の話である。このように、山と海は、神話の世界で何度も交流を重ねていた。

交流するだけではない。海の民は、山の神を丁重に祀っていったのである。

古代の海の民は、沿岸に沿って航海をしたが、海上での位置を知るために、陸や島の地形を確かめた。そのなかでも、特徴的な形をした山や島を目印にした。これを「山あて」といい、今日でも漁師やダイバーが、この方法を利用している。

だから、山や島は、海上の貴重な「道しるべ」であり、航海の安全を約束する神に見立てられたのだろう。海の民にとって、山とそこに鎮まる神は身近な存在だった。

「海辺聖地《かいへんせいち》」という言葉がある。文字どおり、海辺の聖地をさしているが、塞神《さいのかみ》を祀る例が多く、禁忌の場所でもある。海の難所や、風向き、潮の流れが変わる場所を知るための、目あてになる場所が多い。

上田篤《うえだあつし》は『海辺の聖地』のなかで、古墳の多くが海岸線に近い場所に造られていること、日本列島の聖地は海に近い場所にあるとし、これが「海辺聖標《せいひょう》」だといっている。古代人にとって、聖地は目印でもあった。

山や島の神と海人の密接な関係は、『日本書紀』允恭《いんぎょう》十四年九月の条にも記録されている。

允恭天皇は淡路島（兵庫県）で狩りをされた。このとき、大鹿、猿、猪が野山に満ち、炎のようにあらわれ、ハエのようにうるさかった。ところが、一日追いかけたが、何も捕まらなかった。そこで狩りをやめ、占ってみた。すると、島の神が祟っていった。

「獣がとれないのは、私の意思だ。赤石《あかし》（兵庫県明石市）の海底に珠《たま》（真珠）がある。その真珠を私に供えれば、獣をとることができるだろう」

そこで、あちこちの白水郎を集めて赤石の海底をさぐらせたが、深い海で、なかなか底までは至らなかった。そのなかに、男狭磯《おさし》という海人がいた。阿波国の長邑《ながのむら》（徳島県阿南《あなん》市那賀川《なかがわ》町）の住民で、ほかの誰よりも優れた海人だった。

彼は腰に縄を着けて潜ると、ややあって戻り、次のように申しあげた。

「海底に大きな鰒《あわび》がいます。そこが、光っています」

これを聞いてみな、

「島の神が求めている珠は、その鰒のおなかにあるのではないか」

と、語った。男狭磯は大鰒を抱いて浮かびあがってきたが、息が絶え、波の上で亡くなった。縄を解いて海底までの深さを測ってみると、六〇尋《ひろ》（約一〇八メートル）あった。鰒の腹を割《さ》いてみると、本当に真珠があった。桃の実ほど大きかった。これを島の神に捧げたのち、狩りをしてみると、獣がとれた。天皇は男狭磯の死を悼《いた》み、墓を造り、丁重に葬った。

山や島の祟りが、海の供物《くもつ》によって鎮められたことになる。このように、海と山は密接に関わっていた。海の民は、ただ漁をし、航海をするだけではない。彼らは、商人であり、技術者であり、知識人であり、情報伝達人であり、木こりであり、農民なのだ。だからこそ、縦横無尽に日本列島を移動し、各地に拠点を築いた。

三天法《さんてんほう》という新発見

説話や伝承だけではなく、現実にいくつかの勢力が信濃に集まってきている様子を「視覚」で確認することができる。

その重要な研究のひとつが、三橋一夫《みつはしかずお》の『神社配置から古代史を読む』で明らかにされた「三天法《さんてんほう》」だ。

さて、前方後円墳や神社仏閣など、古代の宗教施設の位置関係が、地図上に不思議な図形を織りなすことが、しだいに明らかになってきている。

その例として、三輪山《みわやま》（奈良県桜井市）の周辺の神社を結ぶと、いくつもの正三角形が生まれ、それぞれの場所から冬至《とうじ》と夏至《げし》の日の出を観測していたことがわかっている。また、伊勢神宮と吉野《よしの》の宮滝《みやたき》が、一定の法則でつながっていること、伊勢斎宮《さいぐう》と檜原《ひばら》神社（桜井市）、伊勢内宮《ないくう》と葛城山《かつらぎさん》山頂それぞれが、等緯度《とういど》（東西に並んでいる）であることもわかっている。

古代人が現代人顔負けの測量技術を駆使して、聖地を作りだしていたことがわかってきたのだ。

ヤマトだけではない。中央線《ちゅうおうせん》の吉祥寺《きちじょうじ》駅（東京都武蔵野《むさしの》市）周辺の神社を結ぶと、きれいな正三角形を描くと三橋一夫は指摘する。しかも、正三角形の中心線をたどっていくと、石神井《しゃくじい》公園（東京都練馬《ねりま》区）三宝寺《さんぽうじ》池の中島にある厳島《いつくしま》神社とつながっていて、三角形の頂点からの距離と、正三角形の一辺の長さの比は、ちょうど三対二になっている。これは偶然ではなく、そっくりな図形が、護国寺《ごこくじ》（東京都文京区）の周辺にも見られるという。

神社の位置の決め方には決まりがあって、特殊な角度を使って三角形を形づくり、しかも法則どおりに、有機的につながっていくという。この現象を三橋一夫は「三天法」と呼んでいる。

さらに三橋一夫は、「聖角《せいかく》」（三〇度、四五度、六〇度の角度）を持つ三角形（いわゆる「聖三角形」）が三種類重なっている場所を「ス」と呼び、聖三角形すべてが重なっている場所を「ナカス」と呼んだ。全国に、こういった「ス」や「ナカス」は八四カ所あり、そのうちの五分の一には「ス」の地名がついている（だから彼は「ス」と名づけたのだが）。そして、「ス」のつく地名のひとつが「諏訪」であり、同名の場所がほかにも数カ所見つかっている。

この「ス」の近くには、川や海、湖が存在することが多く、ミソギに用いたのではないかとする。また、その「ス」は、冬至線を意識していて、「太陽の霊を受ける場所だった」ようだ。その霊を受けた男子が「日子《ひるこ》（ヒコ）」で、女子が「日女《ひるめ》（ヒメ）」であり、「ス」で首長霊を継承する儀礼をとりおこなったと推理している。原則として、ひとりの日子が、ひとつの「ス」で太陽の霊を受けとったというのである。

また、「ス」の周辺に一定の法則を持って配置された聖三角形を「ヌ」と呼んだ。興味深いのはここからで、その「ヌ」の並び方は、大きく分けて三つのパターンに分類できるという。「ヌ」は、聖なる角度でつながり、あるいは近辺に点在していたのだ。

三つのパターンをまとめると、次のように分類できる。日本全国の神社の多くが、これらの方式のいずれかにしたがって配置され、組みこまれているという。

（Ⅰ）鎖《くさり》式――神社の位置する点で結ばれながら、聖三角形が鎖のようにつながる。

　（a）複合鎖式　（b）単純鎖式

（Ⅱ）放射式――ひとつの神社を中心に聖三角形が放射状に広がる。

　（a）連続放射式　（b）点在放射式

（Ⅲ）点在式――独立した聖三角形が点在する。

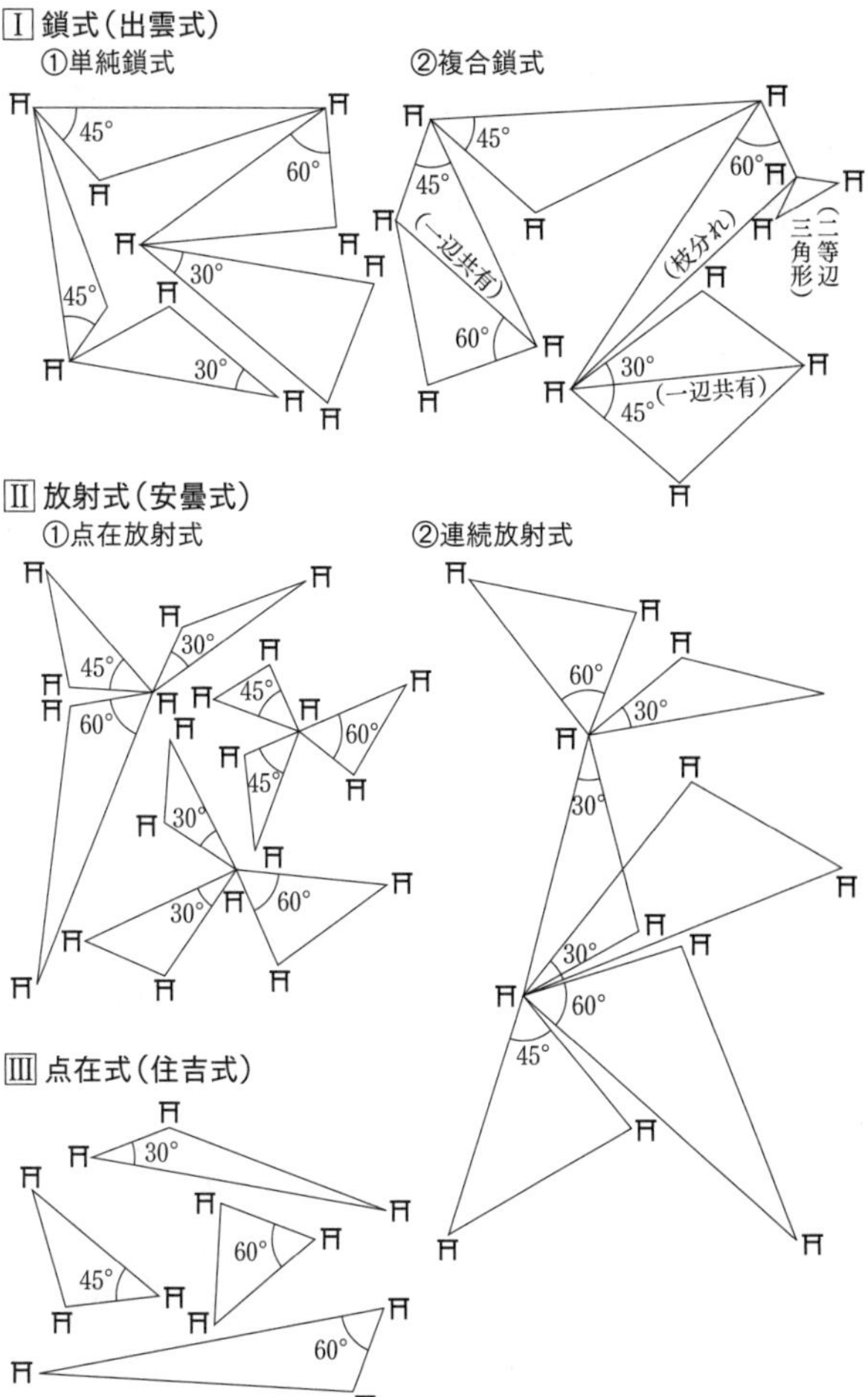

神社配置の三方式。三橋一夫『神社配置から古代史を読む』より

三橋一夫によると、これらの方式には、「複合鎖式で枝分かれするばあいは、三つ以上に枝分かれすることはない」「放射式のばあいは、連続放射式であろうと点在放射式であろうと、一点から四つ以上の聖三角形は作らない」などの厳格な決まりがあるという。

そして、三つの方式は、分布域から類推して次のように照合される。

鎖式＝出雲式（出雲系）
放射式＝安曇式（安曇系）
点在式＝住吉式（住吉系）

学者たちが無視してきたからといって、見逃すことはできない。彼らは、従来の考えや自説では説明のつかない衝撃的な論に出くわすと、いつも見なかったことにしてきたからである。

たしかに、ここにある「安曇式」の分布に注目すると、ほぼ安曇氏の活動域（筑前、河内、三河、信濃、淡路、阿波、肥前、豊後、隠岐）と重なっていたことがわかる。これは、どうやら偶然ではなさそうだ。

追う者、逃げる者

問題は、このような神社ネットワークがいつごろ構成されたのか、はっきりとわからないことだ。ヤマト建国時と考えるか、あるいは、長い年月をかけて主導権争いのたびに、少しずつ変化していったのか、よくわからないのである。

しかしその一方で、「古さ」を示す例もいくつかある。ひとつの例として、三橋一夫は、神武東遷《とうせん》の記事から、「天皇家は住吉系」と見なしている。神武天皇がその途中に立ち寄った宇佐、安芸、吉備はいずれも、「三天法」が示す「住吉式」の分布域だからだ。

この事実は偶然のものとも思えず、無視できない。すると、「三天法」の原理のほとんどは、ヤマト建国直後には、ほぼ成立していたのではないかと思えてくるのである。

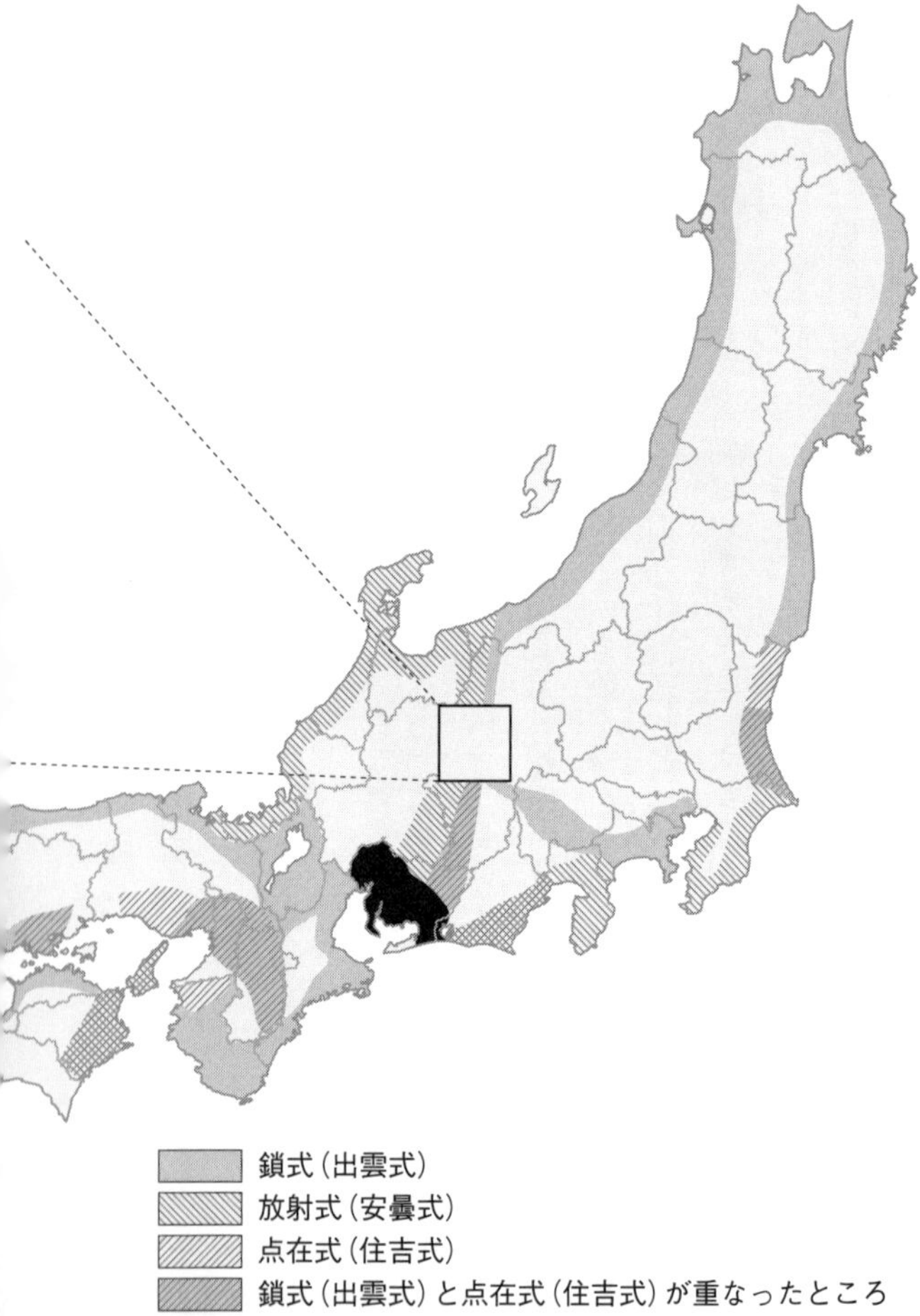
鎖式（出雲式）
放射式（安曇式）
点在式（住吉式）
鎖式（出雲式）と点在式（住吉式）が重なったところ
放射式（安曇式）と点在式（住吉式）が重なったところ
三式が重なったところ

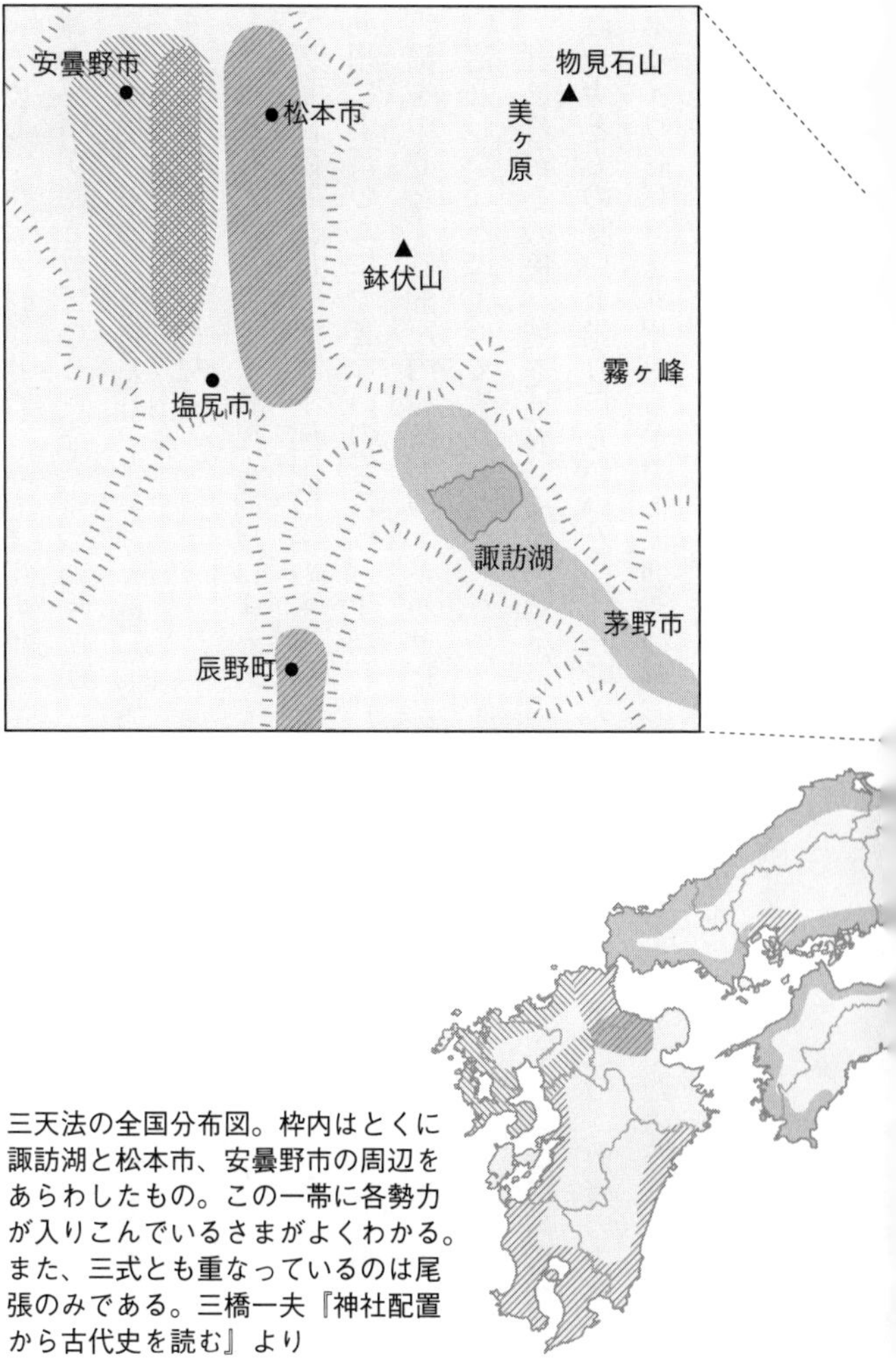

三天法の全国分布図。枠内はとくに諏訪湖と松本市、安曇野市の周辺をあらわしたもの。この一帯に各勢力が入りこんでいるさまがよくわかる。また、三式とも重なっているのは尾張のみである。三橋一夫『神社配置から古代史を読む』より

ただし、早合点《はやがってん》は禁物だ。これまでの拙著でも述べたように、神武東遷の裏側には複雑な事情が隠されている。立ち寄った場所が「味方の土地」だったわけではなく、むしろ「敵地」だったと思われ、また、三橋一夫のいう「住吉系」は、「物部系（吉備系）」をさしていると筆者は見る。

話は複雑だが、ここで私見を簡単にまとめておこう。

天孫降臨神話は、ヤマト建国前後の主導権争いで天皇家の祖が裏切られ、敗れ、南部九州に零落したにすぎないのだろう。すなわちヤマトの政権は、まず政争に打ち勝った吉備を中心とする瀬戸内海勢力のニギハヤヒ（物部氏の祖）が立ちあげ、天皇家の祖を追い落としたことによって成立した。

ところがその後、天変地異と疫病が蔓延《まんえん》し、これに辟易《へきえき》したヤマト政権は、「裏切られた者どもの呪いと祟りにちがいない」と考えるようになった。そこで、敗者の末裔であるイワレビコを九州からヤマトに迎えいれ、祟る神を祀る王に立てたのだろう。これが神武天皇である。だからイワレビコがヤマトに向かう途中に滞在したのは、招いた側の勢力圏、つまりニギハヤヒの拠点であって何ら不思議はない。

これが「物部系」、三橋一夫がいうところの「住吉系」の分布となっている。

またそうなると、東国のほとんどを「出雲系」が包みこんでしまっている事実をどう考えればよいのか、という謎も生まれてくるのだが、これについては、おいおい説明していこうと思う。

そして、「住吉式」が他の方式としばしば重なるのは、なぜなのか。濃尾平野（尾張）のみで三つの方式が重なっていたのは、なぜなのか。「三天法」が示してくれる謎はつきない。

もうひとつ、興味深いのは、信濃にも三つの方式が集まってきていたということだろう。「三天法」にあえてこだわってみたのも、ここがポイントになってくるからだ。

ここで重要なのは、「諏訪」の特殊性である。神話のタケミナカタ逃亡劇を再現するかのように、「出雲系」がこの地域で追いつめられているのだ。

詳細に見ていくと、安曇野には「安曇式」が陣どって、松本市周辺は「出雲式」と「住吉式」が重なり、また、愛知県の豊橋市、豊川市から下伊那の飯田市に抜ける道も、「出雲式」と「住吉式」が重なっていた。諏訪のすぐ近くの辰野《たつの》町周辺でも「出雲式」

と「住吉式」が重なっているから、諏訪に入る西側のコースは「住吉系」が影響を与えていることになる。

そうなると、諏訪周辺で「出雲式」のみが残っているのも、出雲神のタケミナカタが、敵対する二つの勢力（安曇と物部）に追われるようにして、この地に逼塞《ひっそく》させられていった過程が、わかってくるのである。

これは単純な偶然とは思えない。どうしたことか、タケミナカタは日本海側から、イセツヒコは太平洋側から信濃に逃れたと文書は記録していた。そして、三橋一夫が示した神社の「三天法」も、逃げる「出雲系」、追う「安曇系」「住吉系（物部系）」を、あぶり出していた。

ヤマトと北部九州の本当の関係

「三天法」は、さらに、出雲の国譲りとタケミナカタ、ヤマト建国と信濃の関わりについても、多くの示唆を与えてくれているように思われる。

ただし、このあたりの事情は、筆者が考える出雲やヤマト建国にまつわる推理を紹介しておかないと、理解いただけないだろう。詳しくは、ほかの拙著を参照していただきたいが、大まかな流れだけは、ここで話しておかなければならない。それは、おもにヤマトと北部九州の関係である。

　かつて邪馬台国北部九州説が最有力視されていた時代、『記紀』の神武東征説話は北部九州の巨大勢力が東漸《とうぜん》した記憶をもとに編まれたと信じられていた。いわゆる邪馬台国東遷論である。

　しかし、その後の考古学の成果は、この単純な東遷説を否定しつつある。いまになって、ヤマト建国に与えた北部九州の影響力の「小ささ」に、みな戸惑《とまど》っている。するとなぜ、弥生時代の日本列島でもっとも発達していた北部九州が、ヤマト建国に乗り遅れたのか。なぜ、ヤマト建国後もしばらく大量の鉄器を保有していた北部九州で、巨大前方後円墳が造営されなかったのか。疑問点が多く出てきた。

　筆者はこれまで、ヤマト建国の真相について、考古学を根拠に類推してきた。弥生時代、たしかに北部九州は、ほかの地域を圧倒し、鉄器を独占的に保持していた。

　しかし、弥生時代も後期になると、日本海側の出雲を中心とする山陰地方に鉄が出回りはじめ、瀬戸内海側（吉備）にもおこぼれが流れこんだ。

その理由を、「ヤマトの勃興《ぼっこう》」を恐れた北部九州が、出雲と吉備を味方に引き入れ、関門海峡を封鎖し、日本海を遮断することで鉄器が東に流れないように策を弄《ろう》したからだろうと推理した。

この結果、出雲は急速に力をつけ、四隅突出型墳丘墓《よすみとっしゅつがたふんきゅうぼ》という独自の埋葬文化を選択し、山陰地方沿岸部や北陸地方に、この墳丘墓の文化を広めていくのである。

なぜ北部九州は、ヤマトの発展が怖かったのだろう。ヤマトの地形は因縁めいていて、東側の勢力がここに拠点を構え発展したら、西側の勢力は手に負えなくなる。天然の要害で、西側からの攻撃にすこぶる強いのだ。

縄文時代、稲作文化の東漸を跳ねかえそうと、奈良盆地で盛んに土偶が作られたようだ。呪術で撃退しようとしていたのだろう。奈良盆地から東国につながる陸路は、すでに縄文時代に確立していたことがわかっている。盆地南東部に位置する三輪山の山麓から東に向かって、その道は通じていた。奈良盆地は「西に突き出た東」だった。

混乱の時代に終止符が打たれる

多様な関西の文化圏のなかにあって、いまでも奈良県は毛色が違う。

たとえば、正月のお雑煮に入れる餅《もち》をとっても、「丸餅」を「そのまま煮る」のが関西風で、関東風は「四角い餅」を「焼いて」から入れる。これに対して奈良県では、「丸餅」を「焼いて」から入れるのだ。つまり、関西と関東が入り混じっている。奈良県を「西に突き出た東」と見なすゆえんである。

三世紀に盆地南東部の三輪山麓に纏向遺跡が出現し、ヤマトはここで産声を上げるが、ここが東からヤマト盆地に抜ける通路だったところに、ヤマト建国の深い意味が隠されているように思う。

これまでヤマト建国といえば、「西側の勢力が中心に立っていた」と信じられてきたが、実際には、「東」が主役だったからこそ、国の中心を、「東からヤマトに出たところ」「いつでも東に逃げられる場所」「東側の山を背に戦える場所」「すぐに東から援軍がやってくる場所」に造っているのだ。しかも、纏向に集まった外来系土器の過半数が、東海地方や東側からもたらされていたことの意味を、無視することはできない。

考古学は、「これまでの（文字に書かれた歴史の）常識を疑え」と訴えているように思えてならない。ヤマト建国の象徴は、前方後円墳であり、これは吉備の埋葬様式を土台にし、西日本各地の埋葬文化が寄せ集められて誕生したものである。前方後円墳の上で首長霊を祀ることで、ヤマトの王の権威を保ち、この新たな埋葬文化を地方の首長が受けいれることによって、緩やかな連合体ができあがった。

ヤマト建国の直前の日本列島は、深刻な戦乱状態であったらしい。それは、複数の中国の歴史書に記されている。いわゆる「倭国大乱《わこくたいらん》」であり、現実に西日本を中心に混乱状態にあったようだ。生活に不便と思われる高台に集落が無数に造られ（高地性集落）、身を守り、周囲を牽制《けんせい》していたようだ。

ここでどういう化学変化が起きたのかはっきりとしないが、ヤマトにいっせいに多くの地域の人たちが集まり、ひとつの政権を一気に作りあげてしまったのである。

ヤマト建国と邪馬台国は時代が重なるのではないかと考えられるようになったから、問題はさらに複雑化し、議論は続いている。そのようななかで、なぜ、突然混乱は収拾できたのかについて、明確な答えは出されていない。

前方後方墳と前方後円墳のせめぎ合い

ヒントは、意外なところにある。

前方後円墳が各地に伝播するよりも早く、近江や尾張のとくに伊勢湾沿岸地域に出現した前方後方墳（前方後円墳ではなく、前も後ろも四角）が、東国に伝わり、さらに、西日本にも伝播し、独自のネットワークを築きはじめていた。

また近江では、この直前の弥生時代後期、霊山である三上山《みかみやま》の山麓に巨大な伊勢《いせ》遺跡（滋賀県守山《もりやま》市伊勢町）が出現していて、繁栄を誇っていた。約三〇ヘクタールと、国内最大級を誇る都市遺跡である。ただ、ヤマトに纒向遺跡ができるのと同じころ、なぜか伊勢遺跡は一気に縮小してしまう。

まず、なぜ近江に伊勢遺跡が生まれ、前方後方墳がすぐ近くに誕生したのかだろう。

これにからんでくるのは「タニハ（丹波《たんば》）」である。この地域が、鉄や先進の文物を近江や尾張に向かって流しはじめる。

丹波は、和銅《わどう》六年（七一三）に丹後《たんご》国が分離するが、それまでは、のちの但馬《たじま》国までを含み、いまの京都府の中北部から兵庫県北部におよぶ巨大で、かつ特殊な地域だっ

能登半島
弥彦神社
越後
越中
姫川
越前
穂高神社
諏訪湖
信濃
タニハ
気比神宮
近江
東国
尾張
伊勢神宮
ヤマト
阿波
紀伊半島

ヤマト建国期の国内勢力図

た。
この地域では、西側から押し寄せてきた出雲の圧力を跳ねかえし、四隅突出型墳丘墓を採用していない。四隅突出型墳丘墓文化圏は、丹波を通過して、越前と越中を巻きこんでいる。これに対し丹波は、さらに向こうの越後と手を組み、出雲と丹波は、たがいに遠交近攻《えんこうきんこう》策に出て、牽制しあっていたのである。

そして丹波は、日本海を渡り朝鮮半島から鉄器を持ち帰って、近江や尾張に流していたわけだが、このおかげで、近江と東海は富を蓄える。前方後方墳という新たな埋葬文化を作りあげ、果敢《かかん》に東国に進出した結果、前方後方墳は日本各地で採用されていった。遠く吉野ヶ里《よしのがり》遺跡（佐賀県）にも、前方後円墳よりも早く前方後方墳が伝わっている。この流れは、筆者の思いこみでも推測でもなく、考古学の物証が語っている。

ヤマト建国後、しだいに前方後円墳が各地で採用され、前方後方墳は下火になっていくが、ヤマト建国前後に前方後方墳ネットワークが東国を中心に広まりつつあった事実は、重要である。

「タニハ（丹波）＋近江＋東海」を筆者は「タニハ連合」と呼んでいる。このタニハ連合の急速な発展とヤマト進出が、出雲や吉備を突き動かし、あっという間にヤマトに多くの勢力が集まるきっかけを生みだしたのではないだろうか。盆地のヤマトにいったん巨大な勢力が誕生してしまうと、西日本の諸地域は、太刀《たち》打ちできなくなってしまうことは、いうまでもない。

もちろん、「ヤマトを攻めずに、流通を封鎖して干上がらせればよい」という発想も可能だろう。しかし、この考え方にくさびを打ったのが、タニハ連合の存在だった。日本海に海路を開いたタニハ連合が、朝鮮半島と独自に交渉を持ち、鉄器や文物を入手して、それを内陸に流していたとなれば、瀬戸内海とそのほかの日本海の沿岸を「通せんぼ」した意味がなくなるからだ。

三つの時代に分割されたヤマト建国

ただし、すんなりヤマト政権が誕生したわけではなさそうだ。このあたりの歴史も、通説とは異なるので、筆者の推理を説明しておかなければならない。

前もって述べておかなければならないのは、ヤマト建国時の主役たちは、しっかりと

『日本書紀』に記録されているということである。しかも、時代を三つに分解して別々の場所で語られている。すなわち、初代神武天皇、第十代崇神《すじん》天皇、第十五代応神天皇という三人の天皇の時代である。

通説は、神武天皇と崇神天皇を同一人物と考えるようになっているが、筆者は神武天皇と崇神天皇は同時代人で、さらに応神天皇も、ヤマト建国時の人物とみる。応神天皇の母の神功皇后と忠臣の武内宿禰《たけのうちのすくね》が、ヤマト建国に一肌脱ぎ、しかもヤマトに裏切られたと考えている。

『日本書紀』は神功皇后の時代に「魏志倭人伝」の邪馬台国記事を引用している。『日本書紀』の編者は、神功皇后を邪馬台国の女王卑弥呼《ひみこ》か台与《とよ》と見なしていたことになる。もちろん通説は、「これは強引な付会」としている。しかし、応神天皇が九州からヤマトに向けて進軍する姿は、神武東征にそっくりだ。

八世紀の『日本書紀』には、ヤマト建国の歴史を改竄《かいざん》する動機が備わっていた。その理由を説明しておこう。

編纂《へんさん》時の権力者だった藤原不比等《ふじわらのふひと》は、蘇我入鹿暗殺の立役者の中臣（藤原）鎌足の息子だが、『日本書紀』は本当の改革者だった蘇我入鹿を悪者にすり替えることによって、父である鎌足を「古代史最大の英雄」に仕立てあげることに成功した。しかも、蘇我氏の業績を横取りしてしまったのだ。

その一方で、『日本書紀』は蘇我氏の祖を明記できなかった。それは、蘇我氏が正統な氏族だったからだ。蘇我氏の祖である武内宿禰がヤマト建国に大活躍したからこそ、『日本書紀』はこの歴史を闇に葬る必要があった。

『日本書紀』がヤマト建国前後の「ひとつの時代」を、神武、崇神、応神の「三つの時代」に分解してしまったのは、このためである。最初に「蘇我入鹿は大悪人だった」という嘘をついたことで、嘘の連鎖が続き、ついにはヤマト建国の真相までも、ごまかす必要が出てきたわけだ。

しかし、考古学の進展によってヤマト建国の様子がつかめてくると、『日本書紀』が隠してきた歴史が、しだいに輪郭をあらわしてきたのである。

そのあらましは、以下のとおりである。

神功皇后《じんぐうこうごう》　対　北部九州

　タニハ連合の動きに最初に反応したのは、吉備である。出雲はどうだったかというと、北部九州とのつながりが強かっただけに、吉備ほど積極的にヤマトに執着したわけではなさそうだ。のちになって、ヤマトと北部九州の板挟みになり、やむなくタニハ連合と手を組んだと思われる。

　出雲神話のなかで、スサノヲが出雲に乗りこみ、出雲のオオクニヌシ（オオナムチ）はその娘を娶《めと》って養子になるが、スサノヲをタニハ連合の王のひとりと考えると、この神話の意味がストレートに伝わってくる。出雲はタニハ連合の軍門にくだり、婚姻関係を結び、「傘下に入った」のだろう。

　もうひとり、タニハ連合を代表する人物が、山陰地方を西に向かって北部九州に攻めこんでいる。それが神功皇后だ。

『日本書紀』によれば、彼女は、角鹿《つぬが》（福井県敦賀《つるが》市）から日本海づたいに出雲のあたりを経由して、穴門豊浦宮《あなとのとゆらのみや》（山口県下関市）に向かった。ここで夫の仲哀《ちゅうあい》天皇と落ちあう。なぜ夫婦が二つに分かれて西に向かったかといえば、神功皇后がタニハ連合の思惑を、仲哀天皇が瀬戸内海（吉備）の思惑を、それぞれ代弁していたからだろう。ようするに、神功皇后らの北部九州遠征は、新しく誕生したヤマト政権の強い意志だった。

こうして、合流した神功皇后と仲哀天皇は、穴門豊浦宮にしばらく滞在したあと、北部九州に向かう。すると、沿岸部の首長たちが恭順《きょうじゅん》してきた。

その理由ははっきりとしていて、北部九州には防衛上のアキレス腱《けん》があったからである。そのアキレス腱が、筑後川の上流、いまの大分県日田《ひた》市の盆地だ。このあたりの地形も、奈良盆地に似ている。西側から攻めのぼるとなると、渓谷のような狭い場所を通らなければならない。いったん東側からここを押さえられてしまうと、北部九州は太刀打ちできなくなるのだ。

実際、三世紀の奈良盆地に纏向遺跡が造られた同じ時代、日田の盆地を見下ろす高台にも、政治と宗教に特化した環濠《かんごう》集落が誕生していた。そして、この九州中央部に、畿内と山陰の土器が集まっていたのである。これが小迫辻原《おざこつじばる》遺跡で、纏向遺跡と「同期」しているかのように、庄内《しょうない》式土器から布留《ふる》式土器に移行する際、遺跡の規模を拡大している。日田の地は、このときすでに「東側」の手に落ちていたのだ。

日田から筑後川を一気に下れば、筑紫平野に出る。北部九州沿岸地帯の首長たちにとって、これは脅威だ。海側からと背後の山側から攻められれば、逃げ場を失う。神功皇后が穴門豊浦宮に長期滞在していたという説話の設定は、「日田を奪い、北部九州沿岸地帯の首長たちの恭順を待っていた」という史実があったからだろう。はたして神功皇后が西に向かって動きだすと、次々と首長たちが迎えにあらわれた。

そして神功皇后は、福岡平野を東側から支配するためにはここしかないという場所に、拠点を造っている。それが、「香椎宮《かしいぐう》（橿日宮《かしひのみや》）」だ。仲哀天皇はここで神託を無視したことで急死してしまうが、神功皇后はさらに南進し、「山門県《やまとのあがた》」（福岡県みやま市）の女首長を討《う》ちとり、新羅征討に向かったのである。

日田の盆地を東側の勢力に奪われた場合、北部九州勢力には、抵抗する唯一の選択肢が残されていた。筑後川の南側には耳納《みのう》山系が横たわり、その西のはずれに、「高良山《こうらさん》」がそびえている。ここは軍事上の要衝《ようしょう》で、中世に至るまで多くの武将が着目してきており、磐井の乱（五二七）のときにも、その周辺で最後の決戦がおこなわれた。東側から攻められたら、一部の勢力は海岸部に固執せず、高良山に逃げこんで、最後の抵抗を試みたであろう。

そのことから、山門県の女首長は高良山の背後に身を潜《ひそ》めていたのであり、神功皇后がこの女首長を討ちとった段階で、北部九州遠征を終結させたのも、当然といえば当然であった。

卑弥呼《ひみこ》と台与《とよ》の本当の関係

弥生時代に繁栄を誇った北部九州勢力は、ヤマト誕生後二つに分裂し、沿岸部の「恭順する者」と、高良山にこもって「抵抗する者」に分かれたのだろう。

抵抗する者の中心にいたのが、山門県の女首長であるが、彼女はヤマトに対抗するために、朝鮮半島に進出してきた魏《ぎ》に対し、いち早く朝貢した。そして、「われわれがヤマト（邪馬台国）である」と報告したのではないだろうか。

すなわち、神功皇后が滅ぼした山門県の女首長こそ、邪馬台国の「卑弥呼」であろう。これは、本居宣長の「邪馬台国偽僭《ぎせん》説」から思いついた仮説だ。

山門県の女首長を滅ぼした神功皇后は、魏を敵に回さないために、「卑弥呼の宗女

（正統な跡継ぎ）」を名乗らなくてはならなくなった。すなわち、邪馬台国の第二代女王「台与」は、神功皇后のことだろう。

そう考えたのは、あらゆる場面で、神功皇后が、海の女神「トヨ（豊）」とつながっていたからだ。

また、台与は魏に「青大勾珠《せいたいこうしゅ》（青く大きなヒスイの勾玉）」を贈っているが、卑弥呼は贈っていない。なぜ台与だけがヒスイを持っていたのかといえば、神功皇后が越《こし》から西に向かったと『日本書紀』にあるように、ヒスイの一大産地である越とつながっていたからだろう。

神功皇后が穴門豊浦宮に滞在したとき、潮の満ち引きを自在にあやつるという「潮満《しおみつ》瓊《たま》・潮涸瓊《しおひのたま》」を海神からもらい受けるが、「瓊」はヒスイで、ヒスイは山中から川を下って海岸に流されたあと、海の荒れた日に打ちあげられることが多い。だから、ヒスイは海の神がもたらす神宝《かんだから》と信じられていた。海の神は、頻繁《ひんぱん》に神宝であるヒスイを人間に下賜《かし》してくれる存在である。そう古代人は考えた。

二つの神話の謎

そしてここに、悲劇の根源が隠されていたように思えてならない。台与はこのあと、歴史からフェイドアウトしてしまう。もっとも『日本書紀』によれば、神功皇后は新羅征討を終え、応神天皇を生むと、すぐさまヤマトに戻ってくる。神功皇后と台与が同一という私見をあてはめると、辻褄《つじつま》が合わなくなる。しかし、神功皇后のヤマト入りは本当の話だろうか。

ここでもう一度、注目すべきは神話である。神話はいままで歴史ではなく絵空事《えそらごと》と信じられてきた。しかし、そうともいいきれない。

たとえば、現実の出雲の歴史を思い浮かべてほしい。ヤマト建国後、なぜか旧勢力が没落してしまい、ヤマト側から新たな支配者が送りこまれた気配がある。これは、考古学的に確かめられている。とすれば、「出雲の国譲り神話」は何かしらの史実をもとに構築され、しかも、隠さなければならない歴史だったから、あえて「おとぎ話」にして伝えたと見るべきではないか。

もうひとつ注目されるのは、出雲の国譲りのあとの「天孫降臨神話」だ。

なぜ天皇家の祖は、出雲の国譲りを成功させたあと、南部九州に舞いおりてきたのか。なぜ降臨したのは、出雲の地ではなく、南部九州だったのか。なぜ神武天皇は、北部九州ではなく、南部九州からヤマトに向かったのか。

それらが史実でなかったとしたら、なぜこのような設定にしなければならなかったのか、その理由がわからなかった。「天皇家の歴史をなるべく古く、遠くに見せかけるため」だとか、「天皇家の祖は征服者だった」だとか、いろいろ説が出てはいるが、納得できるものはない。

日本海側勢力（タニハ連合＋出雲＋北部九州）を代表する神功皇后たちが北部九州に君臨するも、ヤマトに裏切られて敗れた事件が、「出雲の国譲り神話」の真相だったと著者は見ている。つまり、「日本海側勢力の思惑が頓挫《とんざ》した事件」であろう。そしてこれに続く敗者の行動が、「天孫降臨神話」につながったにちがいない。

ニニギは高千穂峰に舞いおりたあと、尾根づたいを笠沙碕に向かったという。「天から降ってきた」という話は神話そのものだが、その次の一歩が野間岬（笠沙碕）というのは、どういうわけだろう。なぜ、九州の東側の海岸ではなく、西側に出たのだろう。

この記事は、重要な示唆を含んでいる。なぜなら、高良山付近から川を下り、有明海から船をこぎ出し、そのまま海岸をつたって南に向かえば、野間岬に到達するからだ。「天孫降臨神話」とは、王家の祖の逃避行と日向の地における潜伏の歴史だったのではあるまいか。そして、神武天皇の時代に復活し、ヤマトに戻ったのではあるまいか。

通説は、第十代崇神天皇を実在の初代王と考えている。その崇神天皇は、「出雲神オオモノヌシ」の祟りに苦しみ、オオモノヌシの子であるオオタタネコ（大田田根子）を探しだし、ヤマトに連れてきて三輪山のオオモノヌシを祀らせた。

このオオモノヌシの子こそ、神武天皇であり、応神天皇だったのではないかと思えてくる。三輪山に祀られるのはオオモノヌシのはずだが、実際には「日向御子《ひむかのみこ》」という聞き慣れない神が鎮座する。通説では「日向」の名は太陽神信仰の影響というが、ならばなぜ、「御子」なのか。

「御子＝童子」は、祟る神（鬼）を意味している場合が多い。実際連れてこられたオオモノヌシの子は、大神神社の近くの摂社《せつしや》・大直禰子《おおたたねこ》神社で祀られ、ここは「若宮《わかみや》」とも呼ばれている。「若」は「童子」であり、同時に「鬼」のことで、やはりオオタタネコも、祟りと関わっている。

そこで、日向御子の「日向」を地名と見なせば、「日向からやってきた童子（鬼）＝神武天皇」の謎も解けてくる。

さて、なりゆきで「邪馬台国の第二代女王」を自称しはじめた神功皇后は、北部九州にとどまらざるをえなくなった。これをヤマトも黙認するしかなかった。しかしこれは、「遣わした側のヤマト」にとっても誤算だったろう。そもそもは、「われわれがヤマト」と北部九州の勢力が魏に報告したことが誤算の始まりだった。一刻も早く卑弥呼の邪馬台国を潰さなければならないと踏んだヤマトが、神功皇后を遣わしたのだった。しかし、魏を敵に回すことができないために、第二代女王が誕生してしまう。

この状況は、魏が滅亡したことで一変する。神功皇后政権は後ろ盾を失い、ヤマトは神功皇后の政権を潰しにかかった。神功皇后は、「ミイラ取りがミイラになった」ようなものだ。

こうして神功皇后の一行は、北部九州を追われることとなり、有明海を南下し、南部九州にたどり着いた。ここでヤマトを呪い、逼塞《ひっそく》し、復活の時機をうかがっていたのだろう。

三天法の「出雲式」の正体

なぜ、このようなヤマト建国をめぐる筆者の推理を長々と語ってきたかというと、「三天法」の信憑性《しんぴょうせい》と意義、そして「安曇氏」はなぜ信濃に進出したのか、その目的と意味を確認したかったからである。

まず「三天法」と私見をすりあわせてみよう。

三橋一夫は、神社配置を「鎖式（出雲式）」「放射式（安曇式）」「点在式（住吉式）」の三つに分類し、「出雲式」の名の由来についても、「鎖式が行なわれた地域は出雲族とみなされる人々が多くいたから」と説明している。

これには問題がないわけではない。三橋一夫のいう「出雲」は、『日本書紀』や『古事記』が示した神話の「出雲」のイメージそのままで語られているからだ。その後になって、出雲系の神社が広く各地に勧請《かんじょう》されているが、その分布域も含めて、「出雲系」とみなしていることである。

たしかにヤマト建国の前後、山陰の出雲には侮《あなど》れない勢力があって、ヤマト建国に貢献もした。しかし、「神話の出雲」は、「島根県東部の出雲国」だけをさしているのではなく、その実体は「出雲を飲みこんだタニハ連合」ではなかったかと筆者は考えている。「三天法」の「出雲式」が、「旧出雲国」だけではなく、四国北部、丹波、畿内（もちろん近江も含まれる）、尾張、紀伊半島（熊野）、信濃、関東、東北と広がっているのも、そのためだろう。これらは「タニハ連合」にとって重要な地域であった。

ただし、ここでひとこと添《そ》えておかなくてはいけないのは、「タニハ連合」がけっして一枚岩ではなかったということだ。

「出雲の国譲り神話」で、天上界（高天原）、つまり政権側から送りこまれた神は、フツヌシ（経津主神）とタケミカヅチ（武甕槌神）であるが、フツヌシは物部系、タケミカヅチは尾張系とされている。

出雲の西隣、石見国《いわみ》には「物部神社」（島根県大田市《おおだ》）があって、その伝承によれば、ヤマト建国の後、物部氏の祖であるニギハヤヒの子の「ウマシマヂ」（宇摩志麻遅命、可美真手命《うましまで》）と尾張氏の祖である「アマノカゴヤマ」（天香語山命、天香具山命《あまのかぐやま》）は、物部の兵を率いて、尾張、美濃《みの》、越を平定したという。アマノカゴヤマは越後の「伊夜彦《いやひこ》神社（弥彦《やひこ》神社）」に鎮座し、ウマシマヂは、さらに播磨や丹波を経由して、鶴に乗って石見に入ると鶴降山《つるぶさん》で国見をし、物部神社の祭神になったという。

ここで注目されるのは、神社伝承が考古学の指摘とぴったりと合ってくることだろう。出雲の四隅突出型墳丘墓が伝播した区域をとり囲むようにして、「フツヌシとタケミカヅチの末裔」が奔走しているのは、偶然ではあるまい。物部氏は瀬戸内海の王であり、尾張氏は東海地方の王だ。彼らはヤマト建国のあと、北部九州に向かった神功皇后らを裏切り、追い落としたのであろう。

もちろん尾張は、「タニハ連合」を構成する地域であったが、近江や丹波、出雲を裏切ったことになる。また、ウマシマヂは石見に楔《くさび》を打ちこんだが、その後の出雲の治めた出雲国造家《いずもこくそうけ》は、尾張系だった可能性が高い。

その根拠の詳細については、拙著『出雲大社の暗号』に譲るが、簡単に述べておくと、出雲にはこのあとしばらく、前方後円墳は造られず、前方後方墳が造られる。また出雲国造家は、はじめ出雲（杵築《きづき》）大社ではなく熊野大社を祀っていたが、その熊野大社は出雲国造の祖が紀伊半島から持ちこんだものと思われる。

神武天皇がヤマト入りを目指したとき、紀伊半島を大きく迂回《うかい》するが、まもなく毒気に当たって身動きがとれなくなる。このとき、「熊野のタカクラジ（高倉下）」なる者があらわれ、神武を救う。このタカクラジこそ、尾張氏の祖アマノカゴヤマである。尾張氏は、伊勢湾から紀伊半島の沿岸部、さらには紀伊半島の内陸部で活動していたのだろう。熊野大社が紀伊半島と出雲にあるのはこのためだ。

それだけではない。武蔵国一宮は氷川《ひかわ》神社（埼玉県さいたま市大宮区）で、主祭神はスサノヲだ。「氷川」は出雲の「簸川《ひのかわ》（斐伊《ひい》川）」のことで、なぜ関東に出雲系の神社が祀られるのかといえば、武蔵国造が出雲国造と同族だからである。出雲系の神社が関東にもたくさんあるのは、このためだ。

そこであらためて「三天法」の「出雲式」の分布域を見つめ直すと、「神話に登場する出雲＋出雲国造家（尾張氏）の活躍した地域＋ヤマトに滅ぼされたタニハ連合に属した地域」が、ほぼ重なっていることに気づかされる。

三天法の「住吉式」の正体

次に注目したいのは、「住吉式」だ。この分布に特徴的なのは、吉備、安芸《あき》、豊前《ぶぜん》（福岡県東部と大分県北部）など、瀬戸内海の航行に重要な役割を果たしたと思われる地域と、南部九州が含まれるということだろう。

吉備といえば、物部系である。物部氏の拠点だった八尾市一帯から、三世紀の吉備系の土器が出土していること、物部氏の祖のニギハヤヒは、いずこからともなくヤマトに乗りこみ、ヤマト建国の中心勢力となり、ヤマトの祭祀様式を整えもした。

東に目を転じると、茨城県鹿嶋《かしま》市や千葉県香取《かとり》市の水郷地帯が「住吉式」になっているが、このあたりに物部氏が進出し、東国進出の足がかりにしていたことは、現地の人ならよくご存じだろう。

さらに、九州に目を転じれば、「安曇式」の福岡県に目立った前方後円墳が存在しないのに対し、「住吉式」の南部九州には宮崎県の西都原《さいとばる》古墳群など、有数の前方後円墳があまた存在する。前方後円墳の原型は吉備が造ったものであり、物部氏が前方後円墳を各地に広めていったとすれば、「住吉式」は「物部系」の神社配置そのものであるといえるだろう。

ここで、「三天法」が明らかにした三つの方式のうち、二つの意味がわかった。

鎖式（出雲式）→タニハ連合の支配地域
点在式（住吉式）→物部氏が影響をおよぼした地域

三天法の「安曇式」の正体

そこでいよいよ、「安曇式」について考えてみよう。

「安曇式」の特徴は、何といっても福岡市の沿岸部から有明海に続く「弥生時代にもっとも繁栄した地域」を押さえていることだ。

それは、日本を代表する海の民らしく、阿波、尾張、伊豆、房総《ぼうそう》半島（千葉県）と太平洋側の海の道を視野に入れ、また、若狭《わかさ》（福井県西部）、越前、越中と日本海側にも勢力圏を広げ、新潟県糸魚川市付近から姫川をさかのぼり、諏訪市や塩尻市の手前に達し、さらに、東海地方に影響力をおよぼしている。

ここで注目しておきたいのは、若狭から越中に延びる分布域である。神社配置をいったん横において、古墳の形式に目を向けておこう。弥生時代後期の出雲では、四隅突出型墳丘墓が盛行し、その分布は、出雲から、但馬や丹波を通り越し、越前と越中に展開していた。これは、但馬と丹波の「タニハ連合」を挟み撃《う》ちにする戦略があらわれたものであろう。そして、この時代の出雲は、北部九州の沿岸地帯ともタッグを組んでいた。

このあと、タニハ連合はヤマトで吉備と、そして日本海で出雲と手を組み、ヤマト建国の基礎固めが進み、北部九州を圧迫する。この結果、北部九州の沿岸地帯もヤマトになびき、最後まで抵抗した山門県の女首長（邪馬台国の卑弥呼）が神功皇后（邪馬台国の台与）に殺されたのは、すでに述べたとおりである。

気になるのは、ヤマト建国前後の、北部九州沿岸部の動向だ。神功皇后がヤマトに裏切られたとき、出雲が没落したように、北部九州沿岸部の有力首長たちもまた、痛い目にあったのではないだろうか。

けれども彼らは、「海の民のネットワーク」を生かして、各地に散らばっていき、ヤマト政権を背後から脅《おびや》かす存在になろうとしたのではなかったか。かつて、出雲とともに足場を築いた越中に拠点を構え、生き残りの道をさぐった可能性も否定できない。

というのも、安曇氏はヒスイの産地、糸魚川市から姫川を遡上して内陸部に向かっているが、神功皇后はヒスイとおおいに関わりを持っているし、安曇氏の祖である「磯良《いそら》丸《まる》」は、神功皇后と深く関わっているからだ。

神功皇后と安曇氏

対馬の豊玉《とよたま》町に鎮座する「和多都美《わたつみ》神社」は、遠浅の浜辺に社が建てられ、引き潮になると、海に続く長い参道が姿をあらわす。その社名からもわかるとおり、海の神を祀る神社だ。

神社の伝承によれば、この地は、海神であるトヨタマヒコ（豊玉彦命）が宮を建てた場所という。天皇家の祖である山幸彦（ヒコホホデミ）が釣針を失くしてやってきたのが、この宮である。

トヨタマヒコの子には、ホタカミ（穂高見命）、トヨタマヒメ（豊玉姫命）、タマヨリヒメ（玉依姫命）がいるが、山幸彦は、この宮でトヨタマヒメを娶り、子ができた。それが、ウガヤフキアエズで、少し奥まった場所にある「玉ノ井《たまのい》」は、その生地であるという。この伝承を信じるならば、和多都美神社が祀られる場所は、天皇家の故地《こち》ということになるだろう。また、ホタカミは安曇氏の祖だから、天皇家と安曇氏は、遠い親族ということになる。

さらに、和多都美神社の本殿の手前の浜には、「磯良《いそら》エベス」と呼ばれる亀の甲羅のような亀裂が入った異形の磐座《いわくら》が祀られている。この磐座が、安曇氏の祖である磯良丸を祀る聖地であるのはいうまでもない。

磯良丸の伝承は、鎌倉時代末期に編まれた『宗像大菩薩御縁起《むなかただいぼさつごえんぎ》』に登場する。

神功皇后と武内宿禰が新羅征討に向かうときの話だ。新羅攻めの策をあれこれ考えているとき、「志賀嶋明神《しかのしまみようじん》」が影向《ようごう》した磯良丸、姓は安曇という者が、ときおり陸地にやってきていた。武内宿禰が、「磯良丸は水陸自在の賢人だからこれを迎えいれよう」と進言し、勅命が下ったが、磯良丸は姿を隠してしまった。

海に向けられた和多都美神社

平成二年十一月吉日

そこで武内宿禰は一計を案じ、神代の昔に天岩戸の前でおこなった神楽《かぐら》をやってみてはどうかと提案した。さっそく志賀島の浜で宴が開かれ、八人の乙女が袖をひるがえして舞った。するとまもなく、童形の磯良丸が亀に乗ってあらわれた。

磯良丸の顔は、貝や虫がこびりつき、醜《みにく》かった。その姿ゆえに、表に出たくなかったのだという。このあと磯良丸は、知恵をめぐらせ熊襲《くまそ》退治をおこない、さらに四八隻の船を与えられ、「水軍の梶取《かじとり》」を命じられたという。

安曇氏と神功皇后のつながりは、正史にはっきりと記されているわけではない。思いだされるのが、神功皇后の子である応神天皇の三年十一月の記事である。

「ほうぼうの海人が騒ぎ立て、命令に従わなかった。そこで、阿曇連の祖である大浜宿禰《おおはまのすくね》を遣わし、鎮圧させた。そこで彼を、海人の宰《みこともち》にした」

ここではっきりとさせておきたいことは、安曇氏は、志賀島を拠点にして、壱岐、対馬をへて朝鮮半島につながる海上の流通路を支配していた点である。志賀島といえば、江戸時代に「金印」が発見されたことで知られるが、「倭奴国《わのなこく》」として、弥生時代の日本をリードしていた地域だった。つまり、北部九州沿岸地帯の海人族の中心に立っていたのが、安曇氏だったのである。

その、「本来なら倭国王」に立つべきだった誇り高き安曇氏が、なかなか神功皇后の前に姿をあらわさなかったのは、けっして顔が醜かったからではない。名族ゆえに、プライドが高く、みずから神功皇后の軍門にくだることに逡巡《しゅんじゅん》し、葛藤《かっとう》していたからだろう。なによりも、彼らがアマテラスと同じ方法で迎えられたという伝承が、その位の高さを語っている。

問題は、神功皇后らがヤマトに裏切られて敗れたあとの、安曇氏の行動である。彼らは北部九州にとどまり、ヤマトの言いなりになったのだろうか。あるいは、神功皇后らとともに、南部九州に逃れたのか。

どうやら、そうではなさそうだ。

「ミナカタはムナカタ」

北部九州は弥生時代の日本をリードしていた最先端地域であり、富をたっぷりと蓄えていた。ヤマト建国後も、朝鮮半島に渡るには、志賀島、壱岐、対馬を通る交通路が、もっとも重視されていただろうから、安曇氏の発言力は簡単に低下しなかったにちがいない。

その一方で、北部九州には、巨大前方後円墳が造営されていない。ヤマト政権側が認めなかったのだろうか。それとも安曇氏を中心とする北部九州の首長たちが、ヘソを曲げて拒《こば》んだのだろうか。

安曇氏のその後を知るためには、やはりタケミナカタの素性に注目しなければならない。タケミナカタの素性を知るために、安曇氏を追ってきて、タケミナカタと安曇氏の真の関係のなかに、大きな謎が隠されていた。そのことに、ようやく気づかされた。

ここで話は、思わぬ方向に進む。岩波書店の日本古典文学大系『古事記　祝詞《のりと》』の「頭注《とうちゅう》」には、タケミナカタに関する興味深い指摘がある。

「名義は未詳であるが、ミナカタとムナカタ（胸形、宗像）とはもと同語ではあるまいか」

ここにあるムナカタが、アマテラスとスサノヲが誓約《うけい》をおこなって生まれた日本を代表する海の三女神、宗像三神（タギリヒメ、タギツヒメ、イチキシマヒメ）であることは、いうまでもない。アマテラスが、スサノヲの十握剣《とつかのつるぎ》を嚙《か》み砕《くだ》き、吹き捨てると、その狭《さ》霧《ぎり》から生まれた。

このとき、アマテラスの持ち物から生まれた神々は天皇家の祖となり、宗像三神はスサノヲの娘になった。

『宗像大菩薩御縁起』には、宗像大菩薩の本体は十握剣であり、剣の姿をしているときは皇敵の「蛇類（八岐大蛇）」を降伏せしめ、神体のときには「三韓征伐」をした（神功皇后に加勢した）とある。

宗像三神を祀る神社としては、宗像大社（福岡県宗像市）が知られる。辺津宮《へつみや》（宗像市田島《たしま》）、中津《なかつ》宮（筑前大島《ちくぜんおおじま》）、沖津《おきつ》宮（沖《おき》ノ島《しま》）の三社で構成される。

沖ノ島では古墳時代前半（四世紀後半）から平安時代初期にかけて、朝廷による祭祀がとりおこなわれていた。この玄界灘《げんかいなだ》に浮かぶ孤島は「海の正倉院」の異名をとり、島内からは、まるで古墳の石室内部のような豪奢《ごうしゃ》な祭器が多く見つかっていて、国宝に指定されている。古代の海人たちは、この島で航海の安全を祈ったのだ。『日本書紀』は、宗像三神をさして「海の道をつかさどる神＝道主貴《みちぬしのむち》」と称《たた》えている。

『日本書紀』にあるように、宗像三神は「出雲のスサノヲ」の娘だが、ほかの文書のなかでも「出雲」と強く結ばれている。『古事記』では、その一神タギリヒメ（多紀理毘売命）がオオクニヌシと結ばれ、アジスキタカヒコネ（阿遅鉏高日子根神）とシタテルヒメ（下光比売命、タカヒメともいう）を生んだとある。また、『先代旧事本紀』にも同様の記事が載る。

とはいっても、タケミナカタと宗像三神を直接結びつける材料はない。ただ両者のあいだには「出雲」という共通点があるだけだ。ならば、「ミナカタはムナカタ」という指摘は、間違っているのだろうか。

タケミナカタの母

『出雲国風土記』嶋根郡《しまねのこおり》美保郷《みほのさと》の条に、次の一節がある。

「天《あめ》の下《した》造らしし大神の命、高志《こし》の国に坐《いま》す神、意支都久辰為命《おきつくしいのみこと》のみ子、俾都久辰為《へつくしい》命《みこと》のみ子、奴奈宜波比売命《ぬなかわひめのみこと》にみ娶《あ》いまして、産みましし神、御穂須須美命《みほすすみのみこと》、この神坐す。ゆえ、美保《みほ》という」

美保神社（島根県松江市美保関町《みほのせき》）の祭神「ミホススミ」に関する記述であるが、その母はヌナカワヒメ（奴奈宜波比売命）だというのである。ヌナカワヒメは、タケミナカタの母でもあるから、ミホススミはタケミナカタと同一神ではないかと疑われている。またここには、越にいる神として「オキツクシイ」と「ヘツクシイ」という聞きなれない神が登場する。

ヌナカワヒメ研究の第一人者である土田孝雄《つちだたかお》は、『奴奈川姫』のなかで、次のように述べる。

「一つの説にオキツクシイ・ヘツクシイは宗像《むなかた》系の海人で三神信仰が本来であるのでその中間のナカツクシイとして奴奈川姫をもってきたとする見方もあるが、少し無理があるように思う。高志の奴奈川姫というからには『古事記』上巻の奴奈川姫以外には考えられないし、他にそれと同一の人名なり類似する人名は見当たらない」

オキツクシイとヘツクシイは、おそらく宗像三神のうちの二神であろう。オキツクシイとは沖津宮で祀られた神であり、ヘツクシイは辺津宮で祀られた神と考えるのが自然だ。では、残りの中津宮で祀られた神、すなわち「ナカツクシイ」はどうなったのか。

土田孝雄は、それがヌナカワヒメではないかという見方があることを示し、「少し無理がある」といっているのである。けれども、ヌナカワヒメにナカツクシイを当てるという発想、そのまま捨てておくわけにはいかない。

ヌナカワヒメは「ヒスイの女神」であり、ヒスイは海神と深く結びつく。つまり、ヒスイを通じてヌナカワヒメは「水や海」と深くつながり、宗像三神とも強い縁で結ばれていると考えても、不自然ではないだろう。ヌナカワヒメの子のタケミナカタも、海神とは無関係ではないのである。

「諏訪と八幡《はちまん》と住吉は同体」という伝承

『諏訪大明神画詞《えことば》』には、タケミナカタ（諏訪大明神）の化現《けげん》は、神功皇后の元年のことだったとある。これは、おそらく応神天皇が生まれた年をさしているにちがいない。さらに、「諏訪と八幡《はちまん》と住吉は同体」という伝承があると記される。

ここで「八幡」というのは、八幡大神、つまり応神天皇であるが、「住吉」についても、少し説明しておかなければならない。もちろんこの「住吉」は、三橋一夫が提示した「住吉式」のそれとは異なり、海の神としての住吉三神のことである。

住吉三神といえば、大阪市住吉区に鎮座する「住吉大社」を浮かべる人が多いだろう。ほぼ同型の本殿が三つ縦に並び、住吉三神（ソコツツノオ・ナカツツノオ・ウワツツノオ）が祀られる。またその横には、やはり同型の本殿がひとつだけあり、ここに祀られるのは神功皇后である。

住吉三神は、宗像三神や安曇氏のワタツミとともに、古い歴史に裏打ちされた、日本を代表する海神である。そして、とくに神功皇后と強くつながっていた神でもある。また、住吉三神、宗像三神、ワタツミにはいずれも、「神功皇后を後押しして新羅征討を助けた」という共通点がある。

『日本書紀』仲哀八年九月条に、橿日宮（香椎宮）の悲劇が記録されている。熊襲《くまそ》を討《う》とうと考えた仲哀天皇は、群臣《まえつきみ》を集めて会議を開いた。すると、神が神功皇后に憑依し、「熊襲を討たずに新羅を討て」と命じた。しかし、これを無視して熊襲を攻めた仲哀天皇は、敗れ、翌年春二月に突然亡くなった。『古事記』には、神託が降りたその晩、仲哀天皇は亡くなったとある。

つまり、仲哀天皇は神の祟りにやられた。そして、この祟る神は、住吉大神である。香椎宮には、仲哀天皇が亡くなった晩、棺桶を椎《しい》の木に立てかけて御前会議を開いたところ薫香《くんこう》がただよったという。仲哀天皇は生きていることにされたのだ。それが「棺《かん》掛椎《かけしい》」と呼ばれる霊木だが、何か秘密めいている。

『住吉大社神代記《じんだいき》』には、仲哀天皇が亡くなった晩、「住吉大神と神功皇后が、夫婦の秘めごとをおこなった」とある。神功皇后は、夫が亡くなったその晩に、もうひとりの夫と関係を持ったというのだろうか。『古事記』によると、仲哀天皇が亡くなったとき、近くに控えていたのは武内宿禰だけだったから、住吉大神とされた人物は、この武内宿禰のほかにないだろう。

『古事記』は、武内宿禰を蘇我氏の祖としている。しかし、『日本書紀』はこのことを一切無視した。蘇我氏がヤマト建国以来の名家であり、神功皇后とも関係があったとなれば、『日本書紀』の編者は、それを歴史から抹殺したかったことも理解できる。裏を返せば、それほど蘇我氏が日本の建国に果たした役割は多大なのであり、その片鱗《へんりん》が住吉大社の伝承として、秘密めかしく語り継がれたのだろう。

以上の伝承をつなぎあわせると、「八幡＝応神天皇」は、「住吉＝武内宿禰」の子だということになる。『諏訪大明神画詞』に「諏訪と八幡と住吉は同体」とあることの意味が、いかに重大だったかが、あらためてわかった。

次に、「八幡と諏訪は同体」の意味であるが、これが正しければ、タケミナカタは応神天皇か、もしくはその近縁者ということになってしまう。

さすがにそんなバカなことはあるかと思われるにちがいない。しかし、邪馬台国やヤマト建国の「常識」が覆《くつがえ》されてしまったいま、これまで誰からも見向きもされてこなかった伝承を見直してみることも、必要なのではないだろうか。

三世紀前後の史料は散逸《さんいつ》してしまったと信じられてきた。だからこそ、ヤマト建国と五世紀に至る歴史は曖昧《あいまい》で、矛盾に満ち、歴史としてとらえることはできないと考えられてきた。しかし、そういった伝承や記事が、考古学の指摘するところと意外な場所で重なってくるということがしばしば起きているから、これは偶然とは思えない。ヤマト建国はバラバラに分解されたが、考古学の物証は、それらの話をつなぎあわせているのである。

『日本書紀』は大切な場面で嘘をつき、話をすり替えてはいるが、「歴史を知らなかったから、正確な歴史を描けなかった」のではなく、「歴史を熟知していたからこそ、自分たちに都合のいい歴史を捏造《ねつぞう》し改竄《かいざん》した」のである。

各地に散った安曇氏

そこであらためて、タケミナカタと応神天皇のつながりについて、考えておく必要があるだろう。タケミナカタの謎を解く鍵を握っていたのは、やはり安曇氏である。

阿波国名方郡に鎮座する多祁御奈刀弥神社の主祭神は、タケミナカタとヤサカトメで、土地の人は「お諏訪さん」と呼んでいる。

また、同じ名方郡に属する徳島市内には、「天石門別豊玉比売神社《あまのいわとわけとよたまひめ》」と「和多都美豊玉比売神社《わたつみのとよたまひめ》」が鎮座するが、どちらもワタツミの娘である「トヨタマヒメ」が関わり、安曇氏との縁を感じさせる。ここでも、安曇氏とタケミナカタは、たしかにつながっているようだ。

安曇氏の強みは、「志賀島→壱岐→対馬→朝鮮半島」の海上輸送を担うプロフェッショナルだったことだ。だから、神功皇后を北部九州から追い払ったヤマト政権も、安曇氏まで駆逐するような愚《おろ》かなマネはしなかっただろう。

いや、しかし、そうではなかった可能性もある。

というのは、崇神天皇に祟ったオオモノヌシは、「われを祀れば、疫病がおさまり、さらに朝鮮半島もなびいてくるだろう」といっている。

これはどういうことかというと、北部九州の神功皇后（台与）潰しで痛めつけられた安曇氏がヘソを曲げ、朝鮮半島とのネットワークを盾《たて》にとって、海の道を遮断《しゃだん》し、ヤマト政権に圧力をかけていたということはないだろうか。

ヤマト建国後の新政権が、南部九州に追いやった神功皇后の末裔を早速ヤマトに呼びもどしたその理由も、疫病の蔓延《まんえん》に悩まされただけではなく、北部九州と朝鮮半島を結ぶ流通の道を再開する目的があったのかもしれない。

その一方で、安曇氏のなかでも、ある者は南部九州に逃れ、またある者は、新天地を求めて九州を飛びだしていったのではなかったか。

「三天法」でも示されたとおり、安曇氏は、阿波国に拠点を構え、東に進出する機会を狙っていた。彼らが弥生時代にためこんだ富は、ヤマトに恭順したあとも残っただろうし、ヤマト政権に裏切られたあとにも、彼らは海の民としての誇りを失わず、各地に散らばり、生き残りの道をさぐったのではあるまいか。

無視された応神天皇の兄

『日本書紀』では、神功皇后の子は「応神天皇ひとり」としている。ところが『古事記』には、「応神天皇の兄弟」が記録されている。

「帯中津日子命《たらしなかつひこ》（仲哀天皇）が息長帯比売命《おきながたらしひめ》（神功皇后）を娶って生まれた子は、品夜和気命《ほむやわけ》、次に大鞆和気命《おおともわけ》（応神天皇）で、またの名は品陀和気命《ほむだわけ》である。この太子の御名を大鞆和気命というのは、生まれたとき鞆《ゆき》のような肉が腕にできあがっていたからだ。これによって、胎内《たいない》にあって国（新羅）を平定したことがわかった」

「鞆」というのは、矢を放ったときに弓弦《ゆみづる》が体に当たるのを防ぐ武具である。それが生まれたときの腕にできていたので、すでに胎内にいながら戦いに参加していた、というニュアンスだろう。『日本書紀』にも同様の話があって、神功皇后が男装して武具を着《つ》けていた姿とそっくりだったとある。

さて、それよりもここで気になるのは、応神の兄だという「ホムヤワケ（品夜和気命)」のことだ。なぜ『日本書紀』は、ホムヤワケを無視したのだろう。そして、この人物、どこに消えてしまったのか。

応神天皇即位前紀には、奇妙な記事が残される。「一に云《い》はく(一説に)」とあって、次のように続く。

「太子となった応神は、越国に向かい、角鹿の笥飯大神《けひのおおかみ》を参拝された。ときに大神と太子は名を交換された。そうして大神は去来紗別神《いざさわけ》に、太子の名は誉田別尊《ほむたわけ》となった。すなわち、大神のもとの名は誉田別神で、太子のもとの名は去来紗別尊ということになる」

「笥飯大神」とは、福井県敦賀市の気比《けひ》神宮に祀られる神であるが、それにしても応神天皇は、なぜ神と名前を交換しなければならなかったのだろう。ひょっとしてこの話、「もうひとりの応神」の「逃避行」を暗示しているのではあるまいか。

安曇氏が糸魚川市付近から内陸部に進出していたのは、弥生時代後期に北部九州と手を組んでいた「出雲」が「タニハ連合」を牽制するために遠交近攻策をとり、越前や越中と手を結んでいたことと、深く関わっていたのではないかと思われる。

すなわち、ヤマトに裏切られた神功皇后の一派のなかには、南部九州に逃れる者のほかに、越に向かった者がいたのではなかったか。神功皇后から生まれた兄弟のそれぞれが、生き残りをかけて東西に散らばったとしても、何ら不思議はない。一方が亡ぼされても、残されたもう一方が再起を果たそうというわけである。

そして、兄弟の一方は、かすかに残っていた「出雲＋北部九州沿岸部＋越」のネットワークを利用して、拠点づくりをした。その一部が姫川をさかのぼり、ついには安曇野に入り、そこに名を残した。

おそらく応神天皇の兄と思われる人物が、安曇氏とともに日本海を東に向かい、信濃へ南下したのだろう。ただし、どの時点で、タケミナカタの信仰が生まれたのかはわからない。また、安曇氏が祀っていたホタカミとの関係もわからない。

いずれにせよ、諏訪で祀られる神が、応神天皇の兄弟と同じであるという伝承があって、それが『諏訪大明神画詞』にある「諏訪と八幡は同体」の真相と思われる。

繰りかえしになるが、安曇氏と応神天皇の兄が再起を託したのは、ヒスイである。八世紀に至るまで、ヒスイは大切な宝器として珍重された。しかも、日本列島の各地でとれるヒスイのなかでも、糸魚川市付近で産出するものが特別視されていたから、これを支配できれば、富を蓄えることが可能となる。

対外的にも、ヒスイは「日本を代表する宝物」だった。邪馬台国の台与は、魏に青大勾珠を贈り、また古墳時代に入ると、朝鮮半島にヒスイの勾玉が輸出されている。海峡を支配した商人であり、目利きでもある安曇氏は、誇りを捨てずに、新天地で再起の道をさぐったのだろう。これが、考古学と伝承と歴史書と三天法から導きだされた新たな仮説である。

そこで残る謎は、タケミナカタとその末裔は、なぜ諏訪という小さな地域に埋没してしまったのか、ということである。

第四章　信濃にまつわる古代天皇の事蹟《じせき》

地獄に堕《お》ちた女帝

最終的なタケミナカタの謎解きに入る前に、少し回り道をしておこう。長野の善光寺の話に戻る。

『善光寺縁起』には、不思議な話が載っている。皇極《こうぎょく》（斉明《さいめい》）天皇が地獄に堕《お》ちたというのである。

第三十五代皇極天皇は、第三十七代斉明天皇と同一人物で、蘇我氏全盛期に担《かつ》ぎあげられた。ところが六四五年、飛鳥板蓋宮大極殿《あすかのいたぶきのみやだいごくでん》で蘇我入鹿が暗殺され、皇極天皇は皇位を弟に譲る。こうして即位したのは第三十六代孝徳天皇だが、孝徳天皇が崩御すると、皇極天皇は斉明天皇としてふたたび担ぎあげられた。これが重祚《ちょうそ》である。この女帝と舒明天皇とのあいだには、中大兄皇子（のちの天智天皇）と大海人皇子（天武天皇）が生まれている。

それにしても、善光寺とも、信濃の地ともまったく縁がなさそうなこの女帝が、なぜ登場するのか、これじたいが不思議なことだ。

まず、『善光寺縁起』の一節を追ってみよう。

難波からもたらされた如来を水内郡にお祀りした翌年の皇極二年（六四三）、本田善光の嫡男善佐《よしすけ》が死んでしまった。善光夫婦は嘆き悲しみ、如来に救いを求めた。

如来はみずから地獄の閻魔《えんま》の王宮に出向かれ、閻魔に善佐を娑婆《しゃば》に戻すよう頼む。閻魔は善佐のおかげで、如来にお会いできたことを喜んだ。閻魔に感謝された善佐は、娑婆に帰されることになった。

ところで、善佐が如来に導かれて帰ってくるとき、地獄の責めに苦しむ容貌端厳《ようぼうたんげん》の女人に出会う。何を隠そう、その女人が皇極女帝だった。なぜ地獄に落とされたかというと、「驕慢《きょうまん》で嫉妬深い」ためだという。

善佐は、女帝があまりにも哀れなので、如来に、

「私が身代わりになって地獄にとどまるので、どうか帝を娑婆に戻してもらえないだろうか」

と訴える。そこで如来は、菩薩を閻魔の王宮に遣わし、女帝を解放するように求めるが、皇極の罪はそれほど軽くはないということだった。

今度は菩薩が、その身代わりに、わが身を地獄の苦しみにとどめるといい、女帝と善佐は、娑婆に戻ることができたという。

皇極天皇を地獄から救いだしたことで、本田親子は出世する。善光は信濃国司に、善佐は甲斐国司にそれぞれ任ぜられた。そして二人の力で、善光寺が建てられた。

善佐がなぜ地獄に行ったのかが説明されていないのだが、これは物語だから、あるていどは目をつぶろう。しかし、実在の女帝が地獄に堕ち、その理由が「驕慢で嫉妬深い」からというのは、やはり異例である。

五来重は『善光寺まいり』のなかで、そのあたりを推察している。

まず、善光寺で太子信仰が盛んだったことである。聖徳太子は蘇我氏と血縁関係にあって、皇極天皇の時代に蘇我入鹿暗殺があり、事件現場で彼女が蘇我入鹿を見殺しにしたことを民衆が知っていて、判官贔屓《ほうがんびいき》から敗者に同情したのではないかとした。

ではなぜ、皇極天皇は娑婆に戻ることができたのかというと、次のように指摘している。

「善光寺如来におすがりすれば、いったん地獄に墜ちても娑婆に帰してもらえることがあるという信仰のもととなり、絶命直後の霊魂の善光寺詣りが儀礼として定着したのである」

なるほど、そのとおりかもしれない。しかし、なぜ信濃と縁のない皇極天皇が、縁起の重要な役割を担うことになったのだろう。ここに、タケミナカタの謎にまつわる長い因縁に満ちた歴史が隠されていたのではなかったか。

そのヒントを握っていたのは、「ヒスイ」であり、「蘇我氏」だった。

突然消えたヒスイ文化の謎

安曇氏が安曇野に拠点を造ったひとつの理由は、ヒスイの産地を押さえるためだった。姫川下流域や海岸でヒスイはとれるが、利権を保持するためには、現地のみならず、上流やその先からやってくる敵から身を守らなければならない。その点、安曇野から松本にかけての盆地は、戦略上の要衝となったはずだ。

ヒスイは縄文時代から古墳時代、飛鳥時代へとつづく、列島人の大切な祭器であり、呪具であった。ところが八世紀になると、ヒスイへの信仰は、きっぱりと捨てられていってしまう。

ちなみに、飛鳥寺（法興寺）の塔心礎《とうしんそ》に、まるで古墳の埋納品かと見間違うほどそっくりな遺物が納められていて、そのなかにヒスイが含まれていた。そののち、東大寺三月堂《さんがつどう》の不空羂索観音《ふくうけんじやくかんのん》の王冠に、ヒスイの勾玉があしらわれている。これらが最後のヒスイの晴れ舞台であった。

ヒスイは、呪術や呪力を信じていた時代からの祭器である。それに、ヒスイがとれなくなったわけでもない。いまも、姫川流域には、ヒスイがごろごろしている。にもかかわらず、それまで大切にしてきた「心の支え」が突然消えたとなれば、そこには政治的な意図を感じずにはいられない。八世紀のヤマトでは「静かな政権交代」が起きていたのだ。

これまでほとんど注目されてこなかったが、このとき正史『日本書紀』が編纂され、ヤマト建国の真相は闇《やみ》に葬《ほうむ》られ、古くからの豪族層は次々と没落し、最後に藤原氏だけが高笑いしていた。その時代の変化と並行して、ヒスイが邪険《じゃけん》にされていったのなら、ヒスイそのものが、ヤマトの歴史の秘密に直結する可能性が高い。

古代日本のヒスイ文化について、もう少し見てみよう。

日本海側には、緑色凝灰岩《りょくしょくぎょうかいがん》（グリーンタフ）地帯が広がる。ヒスイなど硬玉《こうぎょく》に恵まれた越と、碧玉《へきぎょく》・瑪瑙《めのう》の出雲が、二大玉生産拠点となって発展した。長者ヶ原《ちょうじゃがはら》遺跡（新潟県糸魚川市）は、越のヒスイ文化の中心地である。また、出雲の玉生産は、温泉のある玉造《たまつくり》などの地名に残されている。

ただし、越の玉生産は、縄文時代中期が最盛期である。弥生時代後期、古墳時代中期の画期をへていくが、しだいにヒスイの生産は主流ではなくなった。それに代わる緑色凝灰岩、滑石《かっせき》などの生産を増やしていくが、その後衰退した。

『日本書紀』が記された八世紀には、生産を終え、かつてそれによって文化を築き、栄えたであろう越は、『日本書紀』のなかで、その輝かしい歴史を隠蔽《いんぺい》されただけでなく、「まつろわぬ蝦夷《えみし》の盤踞《ばんきょ》する地」として描かれるに至ったのである。

その一方で、越の玉生産が途絶《とぜつ》するほぼ同じ時代に、奈良県橿原市の曽我《そが》遺跡では、各地から各種の原石と技術が集められ、大規模な玉生産が始まっている。そしてこの「中央集権的な玉生産」も、八世紀の段階で早々に廃絶してしまう。

ヒスイが捨てられた最大の原因は、仏教の導入と隆盛によるものとする説が根強い。内田正俊は、『日本書紀研究　第二十六冊』（横田健一先生米寿記念会編）におさめられた「『記紀』編纂時の越から見た奴奈川姫」のなかで、それ以外に、律令制度の成立が大きな意味を持っていたことを指摘している。

「律令制の衣服令制につながる官人たちの服飾制度を改編する中で、さまざまなアクセサリーを統制して、古墳時代の威信具の価値を壊し、服の色などによる身分指標を導入することが推し進められたこともあった」

ただし内田正俊は、その一方で、「縄文の大珠から弥生・古墳の勾玉へと美の系譜をたどると、ヒスイが一度忘れられたとは信じがたい」とも述べている。

問題は、制度改革だけでヒスイが忘れ去られるようなことがあったのか、ということである。跡形《あとかた》もなく失われるということが、本当に起こりえただろうか。意図的に忌避《きひ》されたのではあるまいか。

ここで、蘇我氏全盛期において、彼らがヒスイ生産を独占しようとしていたことが重要になってくる。これに続く、藤原氏が主役となった八世紀の政権は、蘇我氏を衰弱させることで権力を獲得したのだから、ここに強い因果を感じずにはいられない。藤原氏は前政権がよりどころにした「秘宝による呪力」を封じこめ、排除しようとしたのではないだろうか。

いくつかの拙著でも述べたように、藤原氏の祖である中臣鎌足の正体は、人質として来日していた百済王子豊璋《ほうしよう》と思われる。豊璋の末裔である藤原氏は、新しい日本の体制を支配するときに、「蘇我的なもの」や古くからあった「日本的なもの」の一切を、この世から消し去ろうとしたのではないだろうか。

「応神天皇五世《いつつぎ》の孫」が持つ意味

次に考えなければならないのは、なぜ蘇我氏が、ヒスイにこだわったのかである。蘇我氏が実力をつけたのは六世紀だが、それは、第二十六代継体天皇の登場がきっかけだった。しかも継体天皇は、蘇我氏と関わりの深い土地と人脈のなかで育ったから、蘇我氏やヒスイの謎を解く鍵を握っているのは、この天皇だと思う。

継体天皇は、「応神天皇五世《いつつぎ》の孫（五代あとの子孫）」であるから、皇族としての地位も、皇位継承の順位も低かったはずだ。しかも、近江で生まれ越《こし》で育ったから、普通なら即位などできそうもない。

ところがヤマト朝廷は、そんな彼の即位を願い、天皇につくよう拝み倒したのだ。その理由として語られてきたのは、直前の武烈《ぶれつ》天皇に子がなく、王統が途切《とぎ》れたからだというが、五代にさかのぼるまでの皇族がことごとくいなかったという『日本書紀』の説明を、にわかに信じるわけにはいかない。

たしかに、ヤマトは混乱していた。五世紀後半には、第二十一代雄略天皇がクーデターまがいの手法で玉座を獲得し、旧体制派を一掃していた。雄略天皇が改革事業に乗りだしたことで、多くの政敵が埋没し、その末裔たちも雄略天皇を恨んでいた。けれども、王家の血筋がまったく絶えてしまったかというと、あまりにも不自然な話だと思うのだ。

もっとも通説では、「応神天皇五世の孫」という系譜も信じられていない。継体天皇は「新王朝の始祖」だと考えられている。あるいは、婿養子として迎えいれられ、前王朝の女性と結ばれることで、王位を継承できたというのである。

しかし、「応神天皇の末裔」という血統は、無視できない。「新王朝による創作」と切り捨てるわけにはいかない。むしろ、ときの政権は、応神天皇の末裔だからこそ、継体天皇に即位を望んだのではあるまいか。ちょうどヤマト建国時の政権が、応神天皇の母である神功皇后の末裔の即位を望んだようにである。

散り散りになって逃げていた「神功皇后の末裔」が、越で見つけだされたというのも、ヤマト建国前後の混乱と零落した者たちの歴史が語り継がれていたからだろう。

蘇我氏と尾張氏に支えられた天皇

それだけではない。継体天皇は近江に生まれ、越で育てられた。そして、その地で尾張氏の娘と結ばれ、勾大兄皇子《まがりのおおえ》と檜隈高田皇子《ひのくまのたかた》が生まれていた。彼らが、のちの第二十七代安閑《あんかん》天皇と第二十八代宣化《せんか》天皇となる。

いわば二人は「尾張系の天皇」である。このつながり、ヤマト建国直前の「タニハ連合」を思いださないだろうか。これは、偶然ではあるまい。

一方、蘇我氏の祖である武内宿禰は、つねに応神天皇と行動をともにしている。越からあらわれた継体天皇もまた、蘇我氏と強く結ばれていた。この武内宿禰を、筆者は「タニハ連合」の盟主だったと考えている。

また、ヤマト建国前後に神功皇后や武内宿禰がヤマトに裏切られ、このとき近江や尾張も内部分裂を起こしている。すなわち、「タニハ連合から離脱し、吉備と手を組んだ尾張」と、「タニハ連合とともに没落したものの、その後神武東征の手助けをした尾張」に分離したのである。このあたりの事情については、『なぜ饒速日命《にぎはやひのみこと》は長髄彦《ながすねひこ》を裏切ったのか』に書いたので、興味のある方はそちらを読んでいただきたい。

そして、六世紀以降の蘇我氏と尾張氏の関係はまるで同族のようであり、両氏のうちでは蘇我氏が上位に立っていたことが、『日本書紀』の記事から読みとれる。

尾張氏は、「越の男大迹王（継体天皇）」に娘を嫁がせたわけだが、それ以前に継体天皇の母で「垂仁天皇七世の孫」でもある振媛《ふるひめ》は、蘇我氏とつながっていた。だから、継体天皇の出現は、蘇我氏と尾張氏の意志を反映したものであり、「タニハ連合の復活」といっても過言ではなかった。

振媛は、三国《みくに》の坂中井《さかない》（福井県坂井《さかい》市）に暮らしていた。三国は、いまの福井市から東《とう》尋坊《じんぼう》に向かう途中の海岸域に栄えた地域である。それが、近江国高島《たかしま》郡三尾《みお》の別業《なりどころ》（滋賀県高島郡）の彦主人王《ひこうしのおおきみ》のもとに嫁いできた。ここで継体天皇は生まれるが、彦主人王は早逝《そうせい》してしまったため、振媛は継体をつれて、実家に帰ったのだった。

『日本書紀』は振媛の詳しい系譜を掲げないが、三国の有力者の一族だったことは間違いなく、三国君《みくにのきみ》の娘だった可能性が高い。

『先代旧事本紀』には、三国国造が蘇我系だったとし、周辺にも蘇我系の国造が多い。そのひとつに江沼《えぬま》国造がいて、やはり蘇我系なのだが、『上宮記《じょうぐうき》』に振媛の母が余奴臣《よぬのおみ》の祖と記され、この「余奴」は「江沼」をさしていると考えられている。

やはりここでも、継体天皇は、蘇我氏の人脈に彩《いろど》られている。継体天皇が蘇我系の有力者たちに後押しされたからこそ、彼の即位後の六世紀の蘇我氏の急速な発展の理由もはっきりとしてくる。

越《こし》と東国の繁栄

ここで重要なのは、五世紀後半のヤマト政権の疲弊《ひへい》と、これに反比例するような日本海の勃興だ。とくに越には、ヤマト政権よりも早く、先進の文物が流入するようになっていた。その象徴的な例が、王冠だ。ヤマトの王家よりも先に、越の王は王冠を手に入れていたのである。

こういうことではなかったか。五世紀のヤマト政権は、流動化する朝鮮半島情勢にふり回され、発展もしたが、窮地《きゆうち》にも立たされた。

北方の騎馬民族国家である高句麗がしきりと南下政策をとるなか、朝鮮半島南部の諸国は背後の憂《うれ》いのないヤマト政権に援軍を要請《ようせい》し、ヤマト側もこれに応《こた》えた。

五世紀後半になると、急進的な雄略天皇が出現し、旧態依然《きゅうたいいぜん》とした統治システムにメスを入れはじめた。なれ合いの連合体のままでは、朝鮮半島に大軍を送りこみ、組織的に対処することができなくなったのだろう。

しかし、それに対する反動が起き、ヤマト政権の土台は揺らぐ。このとき政権は、緩やかに衰退の道を歩みはじめたようなのだ。これに代わって、ヤマト建国後没落していた日本海側が息を吹き返し、越と東国が富を蓄えたのだろう。

ところで一般には、「先進の文物が流れこんだ」という表現を簡単に使ってしまうが、相手国が「代償もなしに文物を恵んでくれる」わけはなく、ここには対等の関係が維持されていたはずなのだ。ヤマト政権の場合、もちろん「軍事力の提供」が大きな意味を持っていただろう。いわば、兵員の輸出である。

そして越は、「ヒスイの輸出」である。古墳時代中期、日本ではヒスイの使用が減少していくが、これに反比例するようにして、朝鮮半島でヒスイが増えていく。また、それとほぼ同時に、日本に鉄が大量に出回っている。これは、ヒスイと鉄の対等な交易を意味している。

また、ヒスイや軍事力に加えて、木材の輸出も大きな財をもたらしていたのではなかろうか。『日本書紀』にも、朝鮮半島には金属の宝（鉄）があるが、日本には「浮宝《うくたから》」があると特記している。浮宝とは、船やそれに用いる木材のことである。

朝鮮半島や中国大陸の森林は、金属冶金《やきん》のための燃料として伐《き》りだされ、枯渇していたのだ。また、日本でも製鉄が始まり、燃料に大量の木材を必要としたから、中国地方の森林も、はげ山になっていた可能性がある。だから、東国の山林に注目が向けられるようになったのかもしれない。

ヤマト政権は、越や尾張、東国の活力や財をとりこむためにも、継体天皇を呼び寄せなくてはならなかったのだろう。もっとも、継体天皇が応神天皇の縁者（親族）で、ヤマト建国時の古い因縁を背負っていた可能性も高い。

「三天法」から古代史を解こうとした三橋一夫は、王（首長）の代ごとに造られる「ス」が諏訪には四つあることから、タケミナカタから計四代の王は、諏訪にとどまったのではないかと指摘している。もし、この説が正しければ、五代以降の諏訪の王は、姫川を下り、越や近江に移動していたのかもしれない。

物部氏は滅んでいなかった

ここで、六世紀から七世紀にかけてあった、物部氏と蘇我氏の葛藤と融合の話もしておかなければならない。第一章でも少し触れたが、この流れがわからないと、信濃はもちろん、日本の古代史の深層をつかむことができない。

ヤマト建国以来、古墳時代を通じて、政権の中心に立ちつづけたのは、物部氏だった。その政権の基礎を整えたのは吉備であり、物部氏であった。物部氏は、日本列島の隅々に進出し、広大な土地と民を手に入れたから、日本一の大地主でもあった。

さて、問題はここからだ。

物部尾輿と蘇我稲目や彼らの子である物部守屋と蘇我馬子は、仏教導入をめぐり意見が対立し、蘇我氏の祀る仏像を物部氏が難波の堀江に捨てるという事件が起きた。このときの捨てられた仏像が、のちに善光寺の如来となる。

しかしこれが、『日本書紀』の描くような「宗教戦争」だったのかというと、そう単純ではない。それよりも、改革事業をめぐる軋轢《あつれき》のほうがずっと重大だった。

物部氏の内部には、「蘇我氏と手を組んで改革事業に乗りだそう」という者がいれば、

「これまでの物部氏の権益を差しだすわけにはいかない」と抵抗する者もいただろう。

物部守屋は、たとえ本宗家ではなかったとしても、そういった守旧派の代表だったと考えれば、話は見えてくる。仏教導入をめぐるいさかいは、事件の本質ではない。

では、物部氏と蘇我氏が手を組んで改革事業を始めたという痕跡は、どこかに残されているのだろうか。

『日本書紀』は、「物部守屋の滅亡によって、物部氏は衰退してしまった」といわんばかりに、その直後から物部氏の活躍を記録していない。そこから八五年後になって、壬《じん》申《しん》の乱に関する記事で、ようやく石上《いそのかみ》（物部）麻呂《まろ》が登場している。

天武元年（六七二）七月二十三日、戦に敗れた大友皇子が、山前《やまさき》というところ（いまのどこかは不明）に逃れ、みずから首をくくって亡くなった。このとき、左右大臣や群臣はみな逃げ散っていて、たった一、二の舎人《とねり》とともに、そのかたわらに控えていたのが、物部麻呂である。

誰もが見捨てた大友皇子に、重臣でただひとり、物部麻呂だけが最後まで付きしたがったというところに、「古い氏族の意地と王家との絆《きずな》の深さ」を感じさせよう。

ただ、物部麻呂が、大友皇子のもとで重要な位置にあったことは間違いないわけで、その後も彼は重用された。彼のほかにも、歴史に名を残すべき「物部氏」はもっと多くいたであろう。

にもかかわらず、それまで八五年間のあいだ、物部氏の活躍がほとんど無視され、「存在しなかった」ことのようにされているのは、異常なあつかいとも思われる。逆にいえば、「物部氏と蘇我氏が手を組んだ」という事実は、それほど重い意味を持っていたのではなかったか。

六世紀後半から七世紀半ばにかけての物部氏の存在感を知る手がかりは、第三十四代舒明《じょめい》天皇と、その妻である皇極（斉明）天皇が即位した経緯である。

舒明天皇は不思議な人物で、「蘇我系」である推古女帝崩御ののち、蘇我蝦夷の後押しを受けて即位している。

何が不思議かというと、舒明天皇、つまり田村皇子《たむらのみこ》は、77ページの系図を見てもわかるとおり、当時の政権を握っていた蘇我氏とはほとんど血のつながりがなく、聖徳太子の子の山背大兄王《やましろのおおえのみこ》という強力なライバルが存在したにもかかわらず、即位できたことだろう。

一方の山背大兄王は「蘇我系」で、周囲の人間が「蘇我氏の出なのだから、皇位を継がせてほしい」と蘇我氏に泣きついている。

ではなぜ、蘇我本宗家の蝦夷は、田村皇子を推し、即位させたのだろうか。さらに、舒明天皇が亡くなると、その皇后の宝皇女《たからのひめみこ》を即位させている。これが皇極天皇なのだが、この女帝もやはり蘇我氏とは、血のつながりがとても薄いのである。

なぜ、舒明天皇と皇極天皇が求められたのかといえば、それは、彼らが「親物部派」だったからだろう。すなわち、全盛期の蘇我氏は、物部氏とのあいだに結ばれた「連帯の象徴」として、物部氏の後押しを受けていた皇族を、後押ししたのではなかったか。

親百済派と親新羅派

四世紀末から六世紀に至るまで、ヤマト政権の外交政策は、朝鮮半島最南端にあった「任那《みまな》」の権益を守るために、その周辺諸国に影響をおよぼすことだった。そこで、朝鮮半島の南西部にある百済とつながった。北方から高句麗が南下してくると、百済や伽《か》耶《や》諸国が日本に救援を求め、そのつどヤマト政権は遠征軍を送りこんでいた。

このとき、ヤマト政権の中心に立っていたのは物部氏で、彼らは瀬戸内海をメインルートにして、北部九州から朝鮮半島へと、つながっていたのだ。つまり物部氏は、「親百済派」である。

しかし、ヤマト建国後は没落していた日本海沿岸部の勢力が、五世紀後半ごろから、伽耶諸国や新羅との独自の流通ルートを開拓し、富を蓄え、力をつけた。こうして継体天皇が即位すると、日本海沿岸部に拠点をおき、「親新羅派」でもある蘇我氏が、しだいに発言力を強めるようになっていった。

ここに、「親百済派」の物部氏と「親新羅派」の蘇我氏の利害が激突する構図が生まれたわけだ。物部守屋と蘇我馬子の対立の要因をまとめると、次の三つがあげられる。

（1）蘇我氏による急進的な改革事業に対する反発
（2）朝鮮半島に対する外交政策の違い
（3）物部氏が守りつづけてきた前方後円墳体制をめぐる思惑

ただし、現実はさらに複雑で、蘇我氏はやみくもに「親新羅」を貫いていたわけではなかった。その全盛期のヤマト政権の外交の方針を見ていると、全方位形をめざしていた気配がうかがえる。

この時代、後進地帯だった新羅が急速に力をつけ、伽耶諸国の一部を飲みこみ、百済を圧迫するようになっていた。伽耶というのは、小さな諸国の連合体であったから、周辺国家によってしだいに切りくずされていったのである。緩衝《かんしよう》地帯を失った新羅と百済は正対することになり、一触即発《いつしよくそくはつ》の状況が起こりつつあった。

これには、蘇我氏も危機感を覚えたのだろう。高句麗や隋、唐、そして、百済とのあいだにも、広く交渉の窓口を設けたようだ。遣隋使や遣唐使の派遣、さらには、かつてさんざん戦火を交えた高句麗とも、手を結んでいる。こうすることによって、いま以上の新羅の膨張《ぼうちよう》を、押しとどめようとしたのだろう。また、いざというときの保険もかけておかなくてはならない。

第一章でも紹介した法興寺の伽藍配置は高句麗式で、また、蘇我系皇族である聖徳太子の師に、高句麗の僧・慧慈《えじ》がいた。この法興寺の式で、蘇我馬子らが「百済服」を着て出席したのは、物部氏に対するアピールである。

親百済派の天皇

さて、物部氏と百済の関係、物部氏と蘇我氏の関係がわかると、舒明天皇の存在意義もはっきりとわかってくる。

舒明天皇は、なぜか「百済」と強くつながっているからだ。

『日本書紀』舒明十一年（六三九）七月、舒明天皇は、大宮《おおみや》と大寺《おおてら》を造ると宣言し、「百済川《くだらがわ》」のほとりを宮にしたいと述べられた。この大宮が「百済宮」で、大寺は「百済大寺」である。

百済大寺は、同年十二月に「九重塔を建てた」とある吉備池廃寺《きびいけはいじ》（奈良県桜井市吉備）に比定されている。百済の寺が建てられた「吉備」という地名はいまも残っているが、物部氏との関係を感じずにはいられない。

ただたんに、「百済という名の土地に住んでいた」というレベルの話ではないと思う。

やはり百済系渡来人と縁のある土地だから「百済」という地名なのだろうし、逆に舒明天皇が「親新羅派」だったなら、宮にその名をつけることさえ、忌避していただろう。

舒明十二年（六四〇）十月、舒明天皇は百済宮に遷《うつ》ると、翌年崩御した。宮の北側で殯《もがり》をおこなうが、『日本書紀』は、「これを百済の大殯《おおもがり》という」と記す。

さらに翌年、百済に遣わされていた「阿曇連比羅夫《ひらふ》」が帰国すると、「百済国は天皇の崩御を聞き、弔使《ちようし》を派遣してきました」と報告した。百済も武寧《ぶねい》王の死後で混乱していたが、それでも、舒明天皇の死後すぐに弔使を派遣してきたのは、両者の関係が親密だったからである。

舒明天皇陵は飛鳥から離れた場所にある。それが忍阪内陵《おつさかのうちのみささぎ》（桜井市忍坂《おしさか》）で、付近は百済系渡来人が集住していた地域だ。「親百済派」の中臣氏も、近くに拠点を構えていたようで、このように舒明天皇と百済の結びつきは、いくつも見つかる。

まさに百済づくしといえる舒明天皇も、蘇我氏の協力がなければ生まれることはなかった。蘇我氏があえて「親百済派＝親物部派」の天皇を認めたのも、物部氏に求めた改革への協力の「見返り」と考えれば、すべてがつながってくる。

大々王《おおおおきみ》なる謎の女帝

もうひとつ、『元興寺伽藍縁起《がんごうじがらんえんぎ》 幷《ならびに》 流記資財帳《るきしざいちょう》』には、物部氏と蘇我氏の本当の関係を知るための重要な「証言」が残されている。

そこには、聖徳太子に「わが子」と呼びかける「大々王《おおおおきみ》」なる謎の女性が登場する。彼女は、物部氏や中臣氏に向かって「わが眷属《けんぞく》（一族）よ」と語りかけ、仏教迫害をやめるよう諭《さと》し、和解を求め、物部氏や中臣氏もこれに従ったというのである。

この「大々王」なる女人、時代背景からみて推古天皇にそっくりであり、彼女にあてる説が一般的ではあるが、まったく一致するというわけではない。その一方で、『先代旧事本紀』に登場する「物部鎌姫大刀自連公《かまひめのおおとじのむらじきみ》」の立場によく似ている。

おそらく、『日本書紀』が抹殺してしまった「物部系」の女傑を、『先代旧事本紀』は「物部鎌姫大刀自連公」と呼び、『元興寺伽藍縁起幷流記資財帳』は「大々王」と呼んだのだろう。

そして『日本書紀』は、推古天皇の母を蘇我氏の出とし、「蘇我系」と位置づけるが、実際には「物部系」だった可能性が高い。

なぜなら、八世紀の淡海三船《おうみのみふね》が編みだした漢風諡号《かんふうしごう》「推古」の「古」を「フル」と読めば、「布留《ふる》を（が）推していた女帝」とみなすことができるからだ。「布留」というのは、物部氏のことである。そうなると、「大々王」と推古天皇は重なってくる。

いずれにせよ、物部氏と蘇我氏が手を組み、改革事業が推し進められたことは間違いないのである。

漢皇子《あやのみこ》は何者か

物部氏と蘇我氏の関係にこだわってきたのは、「皇極天皇が地獄に墜ちた」という善光寺の伝承の真意を知りたかったからだ。

これまでの話でわかったことがある。それはまず、皇極天皇が「親物部派」の皇族だった可能性が高いことである。さらに、これは以前からよくいわれていたことだが、蘇我入鹿暗殺現場での彼女の狼狽《ろうばい》ぶりから、皇極天皇と蘇我入鹿は強くつながっていた可能性が高いということである。男女の仲にあったとする説もある。

確実にいえることは、皇極天皇が「蘇我系」の皇族と深くつながっていたことを『日

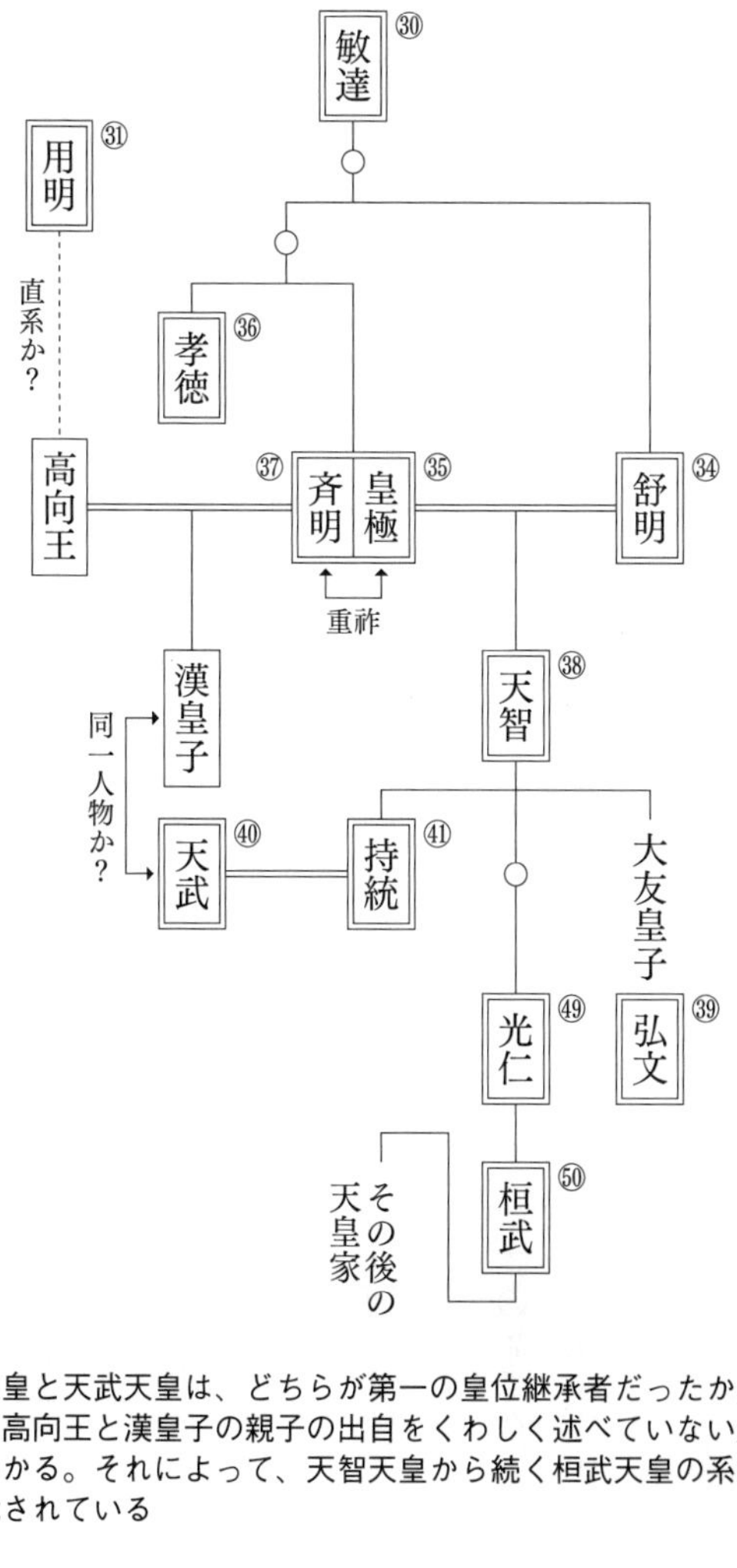

天智天皇と天武天皇は、どちらが第一の皇位継承者だったか。正史が、高向王と漢皇子の親子の出自をくわしく述べていない点が気にかかる。それによって、天智天皇から続く桓武天皇の系譜が正当化されている

本書紀』も認めていることだろう。「田村皇子（舒明天皇）に嫁ぐよりも早く、宝皇女（皇極天皇）は、高向王《たかむくのおおきみ》と結ばれ漢皇子《あやのみこ》を生んでいた」と記録しているのである。

この「漢皇子」の正体がよくわからない。高向王は「蘇我系」の用明《ようめい》天皇の孫か子で、「高向」も「漢」も、ともに蘇我氏と深く関わってくる名だ。

また、この漢皇子こそ、大海人皇子（天武天皇）の正体ではないかとする説がある。大海人皇子は中大兄皇子（天智天皇）の弟だったと『日本書紀』はいい、これが通説になっているが、中世文書の多くが「天武天皇のほうが年上」と記録している。

そこで大和岩雄は、『古事記と天武天皇の謎』のなかで、天武天皇が天智天皇の兄なら、漢皇子が天武天皇ではないかと推理している。

もちろん、多くの史学者はこの考えに反論している。正史『日本書紀』の記事と中世の私的な文書の記述が異なる場合、『日本書紀』の記事のほうを信じるのが「常識」だ、というのである。

もっともなことだ。ただし、『日本書紀』の編者が悪意をもって事実をねじ曲げることも疑っておいたほうがよい。「その歪曲《わいきょく》された事実をもとに戻そう」と訴えていたのが中世文書だったかもしれない。事件現場にいて目撃できる立場にあったからといって、その人間の証言が正しいとはかぎらない。むしろ隠すべき事件の真相を知る立場にいたとすれば、平気で嘘をつくだろう。

百歩譲って『日本書紀』の記事どおり、天智天皇が天武天皇の兄だとしても、二人の関係は不自然だ。たとえば中大兄皇子といえば、中臣鎌足とともに蘇我入鹿を殺した「古代史の英雄」だが、なぜか入鹿暗殺計画に大海人皇子を加えていない。「実の弟」を無視したのはなぜだろう。

これも、大海人皇子が「親蘇我派」だったからと見なせば、多くの謎が解けてくる。のちに壬申の乱（六七二）で、大海人皇子は裸一貫、東国に逃れ、奇跡的な大勝利をおさめるが、裏で暗躍し、大海人皇子をバックアップしていたのは、蘇我氏である。

大海人皇子が即位すると、遅れに遅れていた改革事業が一気に進捗《しんちょく》したのも、天武天皇が蘇我氏の遺業を継承したからであろう。

よくよく考えてみれば、天武天皇と蘇我氏がつながっていたのは、むしろ当然のことだったのだ。その母である皇極天皇は、蘇我氏全盛期に担ぎあげられ、「親蘇我派」の女帝だった可能性は高い。その子である大海人皇子も、普通の流れから推測すれば、「親蘇我派」になるはずで、大和岩雄のいうように「大海人皇子が漢皇子」であれば、蘇我系豪族に囲まれて育ったことになる。

中大兄皇子が蘇我入鹿を暗殺した真相

そう考えると、蘇我氏の政権のなかで、あえて「反蘇我派」となって蘇我入鹿暗殺に突き進んだ中大兄皇子の行動こそ、謎としなければならない。

なぜ中大兄皇子は、蘇我入鹿殺しに猪突《ちよとつ》したのだろう。これまでの「常識」では、「蘇我氏の専横を憎み、王家の危機と判断した」とか、「改革事業を断行するため」とか、そういうもっともらしい理由になっている。

ただしこれも、正史『日本書紀』がおこなった歴史改竄《かいざん》によって騙《だま》されてきたからこそう思うのであって、いざ中大兄皇子が実権を握ると、改革事業をほったらかしにしている。そして、負けるに決まっていると罵《ののし》られるなか、無謀な百済救援に猪突し、日本は存亡の危機を味わった。それだけではない。大津宮への遷都を強行し、顰蹙《ひんしゆく》を買い、不穏な空気が流れている。

中大兄皇子は「古代の英雄」などではない。せっかく蘇我氏がお膳立てした改革事業の道を頓挫《とんざ》させてしまった「暗君」である。

すると、中大兄皇子が蘇我入鹿暗殺を断行したのも、けっして理想や信念によるものではないし、確かな計算があったとは思えない。

事実かどうかははっきりしないが、『日本書紀』によれば、「泥棒も恐れて、落としものを拾わなかった」というほど、蘇我氏は恐ろしかったという。もちろん、時の権力者を暗殺するとなれば、それ相応のリスクをともなうし、失敗すれば返り討ちにあう。それでも強行したのだから、リスクを負うにふさわしい「何か」が、そこにあったからだ。

こういうことではなかったか。皇極女帝のもとでは、蘇我氏の血を引く「漢皇子＝大海人皇子」こそが、もっとも有力な皇位継承候補だった。それに危機感をいだいた中大兄皇子が、「大海人皇子の即位を阻止するため」に、中臣鎌足のそそのかしに乗って、蘇我入鹿暗殺を選んだのではあるまいか。

つまりこれは、れっきとした反乱である。

クーデターの全貌《ぜんぼう》

こうして、皇極天皇が地獄に堕ちたという話の謎を解くヒントを得た。

「物部系」の女帝である皇極天皇は、物部氏とともに、蘇我本宗家の目指した改革事業を後押ししていた。しかし、彼女の息子が蘇我入鹿を殺したことで、改革派を裏切ってしまったことになる。

『日本書紀』は、女帝の身辺に異形の者（鬼）があらわれ、祟りによって周囲の者がばたばたと死んでいったと記録し、また『扶桑略記』は、「鬼の正体は豊浦大臣《とゆらのおおおみ》」と断定している。「豊浦大臣」は蘇我蝦夷か入鹿をさしているから、皇極天皇は蘇我本宗家の恨みを買ったとみな信じていたのだろう。

しかも、皇極天皇にはこのあと、さらなる悲劇が待ち構えていた。

中大兄皇子は蘇我入鹿暗殺後、しばらく即位していない。中臣鎌足が「叔父（孝徳天皇）を立てて、年功序列の秩序を守るべきだ」と諫《いさ》めた、そう『日本書紀』は説明するが、即位した孝徳天皇は、ひきつづき蘇我系氏族を重用している。

このあいだ、中大兄皇子はほとんど政権に関わっていないし、中臣鎌足は「内臣《うちつおみ》」という役職に抜擢《ばってき》されたというが、これは「天皇の側近中の側近」の立場であるはずなのに、まったく孝徳天皇とのつながりが見いだせない。

中大兄皇子と中臣鎌足が、「孝徳朝＝改新政府」を主導していたという話は、「二人は古代の英雄だった」「しかも蘇我入鹿の暗殺を成功させている」「ならば、新政権で重用されていたに決まっている」という憶測から生まれた、誤った「常識」にすぎない。『日本書紀』を何度読み返しても、中大兄皇子と中臣鎌足が改革事業のために骨身を削ったなどという話は、どこにも残っていないのである。

孝徳天皇の最晩年、中大兄皇子は飛鳥遷都を進言するも拒絶されると、孝徳天皇ひとりを残して、遷都を強行してしまった。おそらく、急進的な改革事業に続出した不満に乗じる形で、その反動勢力を抱きこんだ中大兄皇子が、親蘇我系の政権を転覆《てんぷく》してしまったのだろう。

そして問題は、中大兄皇子がすぐに即位せず、母をふたたび皇位につけたことなのだ。これが、斉明天皇である。

中大兄皇子は母を担ぎあげることによって、親蘇我派たちを黙らせた。よくいえば、懐柔《かいじゅう》したのである。また、斉明天皇の身柄を確保しているから、孝徳天皇がまだ生きているのに、その難波長柄豊碕宮《なにわのながらのとよさきのみや》を捨て、役人たちを引き連れ、飛鳥遷都を強行することもできた。

このときの斉明天皇には、「人質」の意味があったはずだ。この人質によって、まわりの者は手出しできない。孝徳天皇の皇后も中大兄皇子と行動をともにしたというが、これも「拉致」と推理できる。

その蓋然性《がいぜんせい》は、このあとに起きる白村江《はくすきのえ》の戦（六六三）の状況を見れば、高まるばかりだ。

なぜ斉明《さいめい》天皇は、九州に連れてこられたのか

中大兄皇子は、母である斉明天皇をとことん利用した。母を担ぎあげることで即位の正統性をも獲得したのである。この異常を許した斉明天皇の罪は深い。

斉明天皇は「大海人皇子の母」だが、「中大兄皇子の母」でもあった。しかも、天皇の重祚を実現したのは、中大兄皇子であり、大海人皇子を出し抜いて即位する大義名分が整った。大海人皇子や親蘇我派、蘇我氏らと斉明天皇との絆の深さを、中大兄皇子はあざ笑うかのように、利用したにちがいない。

それだけではない。斉明七年（六六一）一月、中大兄皇子は百済遠征を敢行する。このときもまた、中大兄皇子は母を利用している。

前年、唐と新羅の連合軍の前に百済は一度滅亡し、義慈王《ぎじ》は捕縛《ほばく》されてしまった。そこで王族の鬼室福信《きしつふくしん》が立ちあがる。ヤマト政権に遠征軍の派遣を要請し、日本に人質としてあずけてあった義慈王の子・豊璋《ほうしょう》を呼びもどすと、彼を新しい百済の王に立て、復興を目論《もくろ》んだ。

一方の中大兄皇子は、瀬戸内海を西に進み、「那大津《なのおおつ》（博多港）」に拠点を構えている。このとき、多くの女性が同行しており、斉明天皇も「朝倉橘広庭宮《あさくらのたちばなのひろにわのみや》」（福岡県朝倉郡朝倉町）に移動する。そして斉明天皇は、ここで鬼の祟りに悩まされたあげく、亡くなってしまうのだ。

近年、「斉明天皇は鉄の女帝だった」という説が提出されていて、強い女帝のイメージが強まっているが、これは大きな誤解だ。そもそも軍事上の常識から考えて、遠征軍の指揮を、内陸部の朝倉橘広庭宮でとれるわけがない。本来なら、現地に乗りこむのが最善だが、それが不可能なら、せめて沿岸の那大津にとどまるべきであった。

それにもかかわらず、朝倉橘広庭宮に移動させたのは、女帝が「邪魔だったから」だろう。邪魔なのに、なぜわざわざ九州まで連れてきたのかといえば、それも、彼女が「人質」だったからと考えると、その謎は解けてくる。

この遠征には、妊婦も同行している。大海人皇子の妃の大田皇女《おおたのひめみこ》で、遠征中に出産した。そして斉明天皇も、寿命が尽きようとしていたのだから、女性たちは好きこのんで遠征に参加したわけではなく、強制的に連れてこられたと考えざるをえない。

目的は、ヤマトに居残った親蘇我派の残党から、女性たちを「守る」ためだ。もっとも「守る」というと語弊《ごへい》がある。せっかく確保した「人質」を政敵に奪われないために、同行させたのである。

斉明天皇の後半生は、このように子の中大兄皇子によって、どん底に突き落とされたのだった。それは、蘇我氏に協力した物部氏にとっても悲劇であり、だからこそ、物部氏とゆかりの深い長野の善光寺で、「地獄に墜ちた皇極天皇」の話が語り継がれたのだろう。

天武天皇の信濃遷都計画

白村江の戦に敗れた中大兄皇子は、敗戦処理に追われ、むなしく時間を過ごしたのち、都を近江の大津宮に遷し、天智七年（六六八）に即位する。民衆の不満がくすぶったのはこのころである。天智天皇の治世は短く、ほとんど業績を残すことなく、天智十年（六七一）に崩御した。

こののち大海人皇子は、天智の子・大友皇子とのあいだに勃発した壬申の乱（六七二）を制して、翌年、第四十代天武天皇として即位する。天武天皇は、都を近江から飛鳥に戻し、皇族だけで朝廷を牛耳《ぎゅうじ》る体制を敷いた。これが「皇親政治《こうしんせいじ》」で、律令制度を導入するために、暫定的な独裁王権を確立したのである。

豪族たちから土地と民を吸いとり、公平に再分配し、蘇我氏以来の改革を断行するには、合議は不向きだった。そのことを孝徳朝の終焉《しゅうえん》を目《ま》のあたりにして学んだのだろう。変革期の政権には、独裁権力も必要悪なのかもしれない。天武天皇自身が大なたを振るうことで、一気に改革は進んだ。

そして、ここで注目したいのが、天武天皇が信濃に関心を示していたことだ。天武十三年（六八四）に、まず遷都計画が立てられ、「科野国之図」が作成された。しかし、計画は白紙に戻り、翌年、「束間温湯《つかまのゆ》」に行宮《あんぐう》が造られた。これは現在の浅間《あさま》温泉（松本市）のことと考えられている。

では、いったいなぜ、天武天皇は信濃に「副都」を建設しようと考えたのか。七世紀から八世紀にかけて、ヤマト政権はこの地域を重視していくが、その原因のひとつは、律令制度を導入し、唐をまねて「小帝国の形成」をはかり、版図拡大方針を打ちだしたからではないか、とする説がある。

大化《たいか》三年（六四七）には渟足柵《ぬたりのさく》（新潟市付近）、大化四年（六四八）には磐舟柵《いわふねのさく》（新潟県村上市付近）が造られたうえに、越と信濃から柵戸《きのへ》が派遣されていた。北信（いまの長野市を中心にした地域）は、陸路で前線に位置していたというのだ。

しかし、何でもかんでも蝦夷対策に結びつける見方に関しては、同意することはできない。朝廷と蝦夷が本格的に対立するのは、藤原氏が実権を握った八世紀以降であって、それ以前の政権は、むしろ蝦夷との共存を模索していたからだ。信濃の重要性は、もっとほかにある。

前方後円墳の空白地

筆者自身、意外な信濃の重要性に気づかされたのは、とある週刊誌の連載記事を書いているときだった。しかもそれは、まさに瓢簞《ひょうたん》から駒《こま》の形で気づかされたのである。

キッカケになったのは、寒川県《さむかわのあがた》（神奈川県）の前方後円墳である。一〇〇の神社を毎週ひとつずつ紹介していく連載コラムだったが、その寒川神社の回を書いているとき、「そういえば神奈川県西部には前方後円墳が少ない」という点に、ふと疑問を覚えた。

関東の古墳といっても、ピンとくる人は少ないかもしれないが、五世紀後半以降、畿内を除いた日本列島のなかで、もっとも多くの巨大前方後円墳を造営していたのは、何を隠そう、関東地方なのだ。

そのなかにあって、神奈川県西部が「前方後円墳の空白地」であるという事実は、奇妙に思われた。このあたりは、けっして文化後進地域ではなかったし、三浦《みうら》半島から海を渡った対岸には、巨大前方後円墳の密集地帯がある。それなのに、なぜ神奈川県だけに前方後円墳は少ないのか。

もっとも神奈川県に、前方後円墳がまったく存在しないというわけではない。たとえば、県東部の逗子《ずし》市にある長柄《ながえ》桜山《さくらやま》古墳群には、四世紀中頃から後半のものとされる前方後円墳が二基存在する。一号墳は全長九〇メートル、二号墳は八八メートルと、県内最大級である。

とはいっても、房総半島や茨城県、そして北関東の巨大古墳群と比べたら、やはり月とスッポン。まして、県西部となると、目立った前方後円墳が存在しない。

多くの人は、ヤマトタケル東征のルートを考え、神奈川県西部にもヤマトとつながる大勢力が存在してもおかしくはなかったはずだと考えるだろう。しかし現実に、存在しないのだから、これはかりはどうにもならない。

ところで、のちにも触れるが、七世紀後半には、日本列島の要衝と要衝とを結ぶ巨大道路が造られていた。『日本書紀』が書かれたのは、この道路網計画が進んだあとだから、のちの世から見た憶測によって、ヤマトタケル説話は構築されたのかもしれない。いわば、机上の交流史である。

もうひとつ、現代の私たちがしがちな誤解がある。それは、のちの東海道と重なるルートに目が向いてしまうということだ。古代の関東に至る主要ルートは、これではない。日本海から信濃川（千曲川）を上って長野県に入ったのち、碓氷峠《うすい》を越え、群馬県に出て、そこから利根川を下るルートである。

五世紀後半以降、関東地方は日本有数の巨大前方後円墳の密集地帯に変貌していくが、この地方を代表する古墳が集まっていたのは、群馬県と利根川の下流域である。房総半島に前方後円墳が多かったのも、太平洋側から文物が流れこんだのではなく、「日本海→信濃川（千曲川）→信濃→碓氷峠→利根川ルート」と「東海地方→天竜川→信濃→碓氷峠→利根川ルート」が、大きな意味を持っていたからだろう。

天竜川以東の地域に、前方後円墳はいくつかある。磐田《いわた》市の松林山《しょうりんざん》古墳、銚子塚《ちょうしづか》古墳、静岡市の谷津山《やつやま》一号墳などである。いずれも、全長一〇〇メートル超の大きな古墳だ。ただし、この地域の前方後円墳文化は、これより東へは広がらない。天竜川は越えても、箱根を越えるのは、やはりたいへんだったということだろうか。

豊城命《とよきのみこと》の末裔たち

ところで、三世紀に近江や尾張（とくに伊勢湾沿岸地帯）で前方後方墳が誕生し、これが信濃にもたらされ、さらに東に伝わっていき、北関東一帯は前方後円墳が広まるよりも前に、いち早く前方後方墳をとりいれていた。なぜ北関東なのかといえば、信濃を経由した「道」が重視されていたからにちがいない。

また、タケミナカタの信仰が、日本海から信濃川流域にかけて濃厚な伝承を残したことも、古代の文物が西から東に抜けるルートの名残と見なすことができる。

関東地方の弥生時代は、西から見れば、遅れていた。そのころ、北関東の茨城県や栃木県の周辺では、独自の古い埋葬文化を継承していた。遺骸を白骨化させてから土器におさめて埋納《まいのう》する、「再葬墓文化」と呼ばれるものである。

また、彼らの使う弥生土器には、いまだ縄文的な要素が残っており、西日本と比べれば、金属器や鉄器の流入も少なかった。

しかしヤマト建国のころ、関東北部には最新の文物と技術と人が、まず北陸から、新潟県頸城《くびき》地方、長野県の善光寺平と、つまり、のちの東山道《とうさんどう》を経由して流れこむ。次に、東海や畿内からも流れこんだ。すると、それまで手のつけられなかった土地が開墾され、人口も増え、この地域は急速な発展をとげる。

これは、西側からの征服ではなく、新来の移住者と先住の民は、うまく棲《す》み分けを果たし、共存していたようだ。そして、いつのまにか関東は、巨大前方後円墳の密集地帯に変貌していくのである。

この関東の発展は、ヤマト政権側がしかけたのではないかと思える節がある。

第十代崇神天皇は、多くの皇子のなかから秀《ひい》でた者に皇位を継がせ、もうひとりに東国の統治を委《ゆだ》ねたいと考えた。そこで、甲乙つけがたい二人の子、兄の豊城命《とよきのみこと》（上毛野《かみつけぬ》氏の祖）と弟の活目尊《いくめのみこと》（のちの第十一代垂仁《すいにん》天皇）に夢占いをさせた。その結果、豊城命を東国に遣わし、活目尊を皇太子に立てたのだった。ただし豊城命は、東国に赴《おもむ》くことなく亡くなっている。

そして、垂仁天皇の子、第十二代景行天皇の時代になって、豊城命の孫の彦狭嶋王《ひこさしまのみこ》が、東山道の「十五国都督《とおあまりいつつのくにのかみ》」に任命された。「都督」はもともと中国の役職名で、この場合、広い地域を統括する権限を与えられたということになる。

ところが、彦狭嶋王もまた、東国に向かう道中で病没してしまった。そこで、子の御《み》諸別王《もろわけのみこ》が、東国に赴任したのだが、この御諸別王の末裔が、古代の北関東を支配する上毛野氏と下毛野氏《しもつけぬ》となる。すなわち、上毛野氏の支配地が上野国《こうずけ》（群馬県）であり、下毛野氏の支配地が下野国《しもつけ》（栃木県）である。

ヤマトの関東支配が北部から始まった事実は、無視できない。群馬県の山を背にして、関東平野を睥睨《へいげい》し、利根川の水運を利用して、各地の首長に先進の文物や威信財を流すという手法だろう。古代の権力者は、川上に住んでいたのだ。

さらに、ヤマトから北関東に向かう際の拠点として、信濃の地は脚光を浴びていく。ここを押さえなければ、安心して北関東に進出できなかった。信濃の重要性は、このように地勢上の意味が大きい。

馬と巨大国道

天武天皇が即位する以前から、信濃に注目していたのは、物部氏だった。彼らの視界の先には、関東平野が広がっていたのだろう。彼らは、馬を求めたからこそ、この地域に配下の渡来人たちを定住させていた。これを追うようにして、蘇我氏も信濃に拠点を構えていくようになる。

そして、信濃と関東とは「ひとつながり」として意識されていたはずだ。高崎市の一帯に「群馬」という地名が生まれたのも、ここが馬の産地だったからだろう。物部氏はここまで楔《くさび》を打ちこんでいたものと思われる。

改革事業を推し進めた物部氏と蘇我氏が、仲よく信濃に進出していたのは、偶然ではない。さらに筆者は、物部氏と蘇我氏の後押しを受けていた天武天皇の「遠大な計画」のなかでも、信濃が重要な鍵を握っていたのではないかと疑っている。

この天武天皇の残した多くの業績が、戦後の発掘調査によってしだいに明らかになってきた。いままでわからなかったのは、ひとえに『日本書紀』が記録しなかったからだ。

『日本書紀』は、天武天皇のために記されたというのがこれまでの「常識」だった。彼が編纂を命じていることも、その根拠となっている。しかし、『日本書紀』の完成は、天武天皇崩御から数十年もの時間をへていた。皮肉なことに、『日本書紀』は、天武天皇の業績を葬りたい勢力によって編まれることとなった。だから、天武天皇の隠された業績が発掘されるたびに、私たちは驚かされるのである。

たとえば、日本で最初の貨幣である「富本銭《ふほんせん》」は、発掘調査によってはじめて形となってあらわれた。しかし、それをうかがわせる『日本書紀』の記事は、天武十二年（六八三）四月の「いまよりのち、必ず銅銭を用いよ。銀銭を用いることなかれ」のみである。

ここでは「用いよ」よりも、「用いることなかれ」のほうにポイントがおかれている。画期的な事項であったのに、まるで天武政権の強権性を描くかのような記事になっている。そして、私たちが日本最古の貨幣として認識させられているのは、これより四半世紀もあとになってからの和同開珎《わどうかいちん》（七〇八年）である。これなどは、『日本書紀』が捏造した歴史観であろう。

さらに、天武天皇の時代には、日本列島を縦断する信じがたい巨大プロジェクトが進められていたことがわかってきた。それが、「古代のハイウェイ」である。

すでに七世紀後半に、「なるべく直線で」「幅約一二メートル」「全長六三〇〇キロメートル」という想像を絶する「巨大国道」の造営が始まっていたのだ。各地の発掘調査によって、天武天皇の時代に工事は始まり、持統天皇の時代に完成していたことがわかってきた。

なぜそれほどの巨大プロジェクトが忘れ去られてしまったのかというと、巨大道路がいつのまにか使われなくなり、埋もれてしまったからであり、『日本書紀』がまったく記録しなかったからである。それほど藤原不比等は、天武天皇の業績を抹殺してしまいたかったということだろう。

ここで重要なのは、天武天皇が何を目的に、「広大な陸路のネットワーク」を構築しようとしたのかである。

答えは簡単なことで、律令制度が完成した暁には、各地から税を集めなければならない。正確にいうと、当時は信じがたいことに、「集める」のではなく、「納税者がわざわざ税を納めに都までやって来る」のだ。だからこそ、「巨大国道」を造り、民の移動の便をはかろうと考えたのだろう。

それまでの物流の多くは、「水運」が担っていたが、誰もが船を使えるわけではないから、これに代わる「新しい陸運」の整備が必要だった。そこで天武天皇は、直線的な国道の敷設と、馬の増産を急がせたのである。

明らかになった信濃の真実

さらに想像をふくらませれば、ひょっとすると信濃に副都を造る目的として、「東国の税は信濃で徴収する」という政策を実現しようとしていたのではないか。もちろん、証拠はないが、信濃が関東平野に隣接していること、信濃から川を下れば、日本海にも太平洋にも出られること、そのための物流の拠点の役目を果たして、そこから集めた物資を各地に運ぶことができると考えたのではなかろうか。

第一章でも触れたように、馬の重要性は、五世紀末ぐらいから、広く知れわたっていくようになった。継体天皇がヤマト政権から即位を求められたとき、最初に拠点を構えたのは淀川の流域で、馬の飼育地でもある樟葉《くずは》の地だった。越からやってきた継体天皇は「船と馬」を重視した王だった。

しばらくのあいだ、馬は畿内の牧で育てられていただろう。それが、より放牧に適した土地を求めることになり、河内の馬に関わる人たちが、各地に散らばっていったにちがいない。馬の需要が、全国規模で広まったこともある。

そのなかで注目されていくのが、信濃の地だった。長野県の古墳から出土する馬具がずば抜けて多いことも、忘れてはなるまい。現代風にいえば、巨大自動車工業地帯ということになるだろうか。

信濃の牧の発展が、古代政権にとって大きな意味を持っていた。「海の民」がこぞってここに入植し、「海の民の地名」が増えたのは、彼らこそ、馬の価値を見抜いていたからだろう。船が川をさかのぼるには馬を必要としたし、水運のプロフェッショナルは、将来の陸運の時代を予見していたのだろう。

こうして信濃の価値を、安曇氏、物部氏、蘇我氏、そして天武天皇といった人たちが、いち早く気づくことになった。いずれも、旧態の権益の上にあぐらをかくことをよしとせず、改革を行動に移してきた、たくましい先見者の姿である。

日本という国は、こういった人たちの努力が支えた古代の文明の蓄積によって生みだされた。私たちは、そのことを肝に銘じ、かたときも忘れるべきではない。

しかし、天武天皇の壮大な構想が実現されることはなかった。日本の歴史は、藤原氏の手に移り、つい前の時代まで貴族社会の暗黒が影を落としていく。その過程で、東国は、「日本の将来を担う土地」から、「まつろわぬ蝦夷が蟠踞《ばんきょ》する土地」におとしめられたのである。

信濃に多くの文物が流れ着き、多くの神々が逃げてきたという話が伝えられたのも、このようなヤマト建国から七世紀後半に至る歴史、ダイナミックな時代の変化のうねりが背後に隠されていたのである。

おわりに

いまから三十数年も前の話だ。松本電鉄のバスの車掌のバイトをしていた。夏の二カ月、同世代の学生たちと寮で雑魚寝《ざこね》の日々を過ごした。

観光路線の仕事は、出発前にキップを販売するぐらいで、あとはプロのドライバーの運転に身をゆだねて、隣で景色を愛《め》でるという、安楽で、呑気なものだった。

なかでも、バイト仲間で「大当たり」と喜んだ路線は、「美鈴湖《みすずこ》経由美《うつくし》ヶ原《がはら》行き」の乗務だった。美鈴湖の休憩所でおいしい漬け物を食べられるし、松本盆地は蒸風呂のような暑さでも、山頂は別世界だった。

美ヶ原行きのバスは、古い温泉街を抜けると、難所の急坂にさしかかる。なぜかここに来ると、バスの運転手はみな、自嘲《じちょう》気味に「ここでよくエンコするずら」と、乗客に聞こえるように、そう言うのだ。「このあいだ、みんなに押してもらった!!」というのは、さすがに嘘だろう。バスはその手前からちょっと勢いをつけて登っていくが、対向車も多くて、スピードが落ちることもある。

するとと運転手は、すかさずダブルクラッチでシフトダウンし、フルスロットル。よっこらしょ、よっこらしょ――うなり声を上げるエンジン。急坂を乗り越えたあとの、乗客たちの笑い声……。信州は大和路と並んで、わが心の故郷《ふるさと》なのだ。

ちなみに、その急坂の手前が浅間温泉で、天武天皇が行宮《あんぐう》を造ったと考えられている場所である。バイトをしていたころは、そんなこと知らなかった。けれども、何よりも強く覚えているのは、きっと私と古代史が深い因縁でつながっていたからなのだろう。

ちなみに、長野県民の「あそことあそこは仲が悪い」という「ウラ話」は、ほとんどバスの運転手から仕入れたものだ。けれども、おどろおどろしい話ばかりなので、詳細は棺桶《かんおけ》まで持っていこうと思っている。あしからず。

なお、今回の執筆にあたり、祥伝社書籍出版部の堀裕城氏、歴史作家梅澤恵美子氏の御尽力をいただきました。あらためてお礼申しあげます。

合掌

切りとり線

★読者のみなさまにお願い

この本をお読みになって、どんな感想をお持ちでしょうか。祥伝社のホームページから書評をお送りいただけたら、ありがたく存じます。今後の企画の参考にさせていただきます。また、次ページの原稿用紙を切り取り、左記まで郵送していただいても結構です。

お寄せいただいた書評は、ご了解のうえ新聞・雑誌などを通じて紹介させていただくこともあります。採用の場合は、特製図書カードを差しあげます。

なお、ご記入いただいたお名前、ご住所、ご連絡先等は、書評紹介の事前了解、謝礼のお届け以外の目的で利用することはありません。また、それらの情報を6カ月を越えて保管することもありません。

〒101-8701（お手紙は郵便番号だけで届きます）
祥伝社　新書編集部
電話03（3265）2310
祥伝社ブックレビュー　www.shodensha.co.jp/bookreview

★本書の購買動機（媒体名、あるいは○をつけてください）

＿＿＿＿新聞の広告を見て	＿＿＿＿誌の広告を見て	＿＿＿＿の書評を見て	＿＿＿＿の Web を見て	書店で見かけて	知人のすすめで

★100字書評……信濃が語る古代氏族と天皇

名前

住所

年齢

職業

関 裕二　せき・ゆうじ

1959年、千葉県生まれ。歴史作家。『聖徳太子は蘇我入鹿である』で衝撃的デビューを果たしたのち、日本古代史を中心に、ユニークな視点から執筆活動を続けている。著書は、『神社が語る 古代12氏族の正体』『源氏と平家の誕生』（祥伝社新書）のほか、『新史論／書き替えられた古代史1〜4』『古代史謎解き紀行Ⅰ〜Ⅴ』『天皇と鬼』など多数。

信濃《しなの》が語《かた》る古代氏族《こだいしぞく》と天皇《てんのう》
——善光寺《ぜんこうじ》と諏訪大社《すわたいしゃ》の謎《なぞ》

関《せき》 裕二《ゆうじ》

2015年5月10日　初版第1刷発行
2024年11月10日　第6刷発行

発行者……………辻　浩明
発行所……………祥伝社しょうでんしゃ
〒101-8701　東京都千代田区神田神保町3-3
電話　03(3265)2081(販売)
電話　03(3265)2310(編集)
電話　03(3265)3622(製作)
ホームページ　www.shodensha.co.jp

装丁者……………盛川和洋
印刷所……………萩原印刷
製本所……………ナショナル製本

Printed in Japan　ISBN978-4-396-11415-2　C0221

〈祥伝社新書〉
古代史

370
神社が語る 古代12氏族の正体
神社がわかれば、古代史の謎が解ける！
歴史作家 関 裕二

566
神社が語る 関東の古代氏族
物部《もののべ》氏、蘇我《そが》氏、忌部《いんべ》氏、多《おお》氏……こんなところに足跡を残していた！
関 裕二

553
寺社が語る 秦氏の正体
『日本書紀』がいちばん隠したかった〝事件〟の真相
関 裕二

469
天皇諡《し》号《ごう》が語る 古代史の真相
応神の「神」、天武の「武」、そして「トヨ」が意味するものとは？
関 裕二 監修

326
謎の古代豪族 葛《かつら》城《ぎ》氏
天皇家と並んだ大豪族は、なぜ歴史の闇に消えたのか
元・龍谷大学教授 平林章仁